于秀/著

30

岁前
before

爱不同的人

30

岁后
after

爱能爱的人

漓江出版社

女人想要活得坦荡、舒畅，一定要有自己的定力，
这种力量让你不惧怕岁月盗走你的美好。

旧情人就是夏天刮过去的那一阵风，风已过，树已静，你何必独自在风中凌乱，不约也罢。

爱情是你自己的，跟他人无关。
你需要让自己更加闪光，他才会
在对的时刻找到你。

爱情不是一个人去温暖另一个人，
它一定是两颗温暖的心燃起的火
苗，彼此靠近，迸射出爱的火花。

别因为寂寞去爱

又一个情路坎坷的姑娘从我这儿流着泪走了，多年跟这些绝顶聪明，可一遇上感情的事就晕菜的女孩们打交道的事实告诉我，这不是第一个，也绝不是最后一个。这些在事业上无所畏惧，在职场上所向披靡的姑娘们，为什么年纪不小却总是找不到感情的归宿？人都不错却没有一个真心实意爱她们的男人？我感觉最根本的问题就出在，她们寻爱的脚步总存在可疑的动机，她们有的是因为年纪不小了该找个适合结婚的对象了，眼前正好有个男人，于是，爱就发生了，可这样的爱注定是有瑕疵的；有的是因为别人都有男朋友了，都结婚了，所以自己也不能落下，闭着眼睛找了一个，等睁开眼，发现这盘菜并不是她想要的，于是，爱又变成了一种伤害。

如果说前两种爱的动机还不算太傻，那下面的这种爱的理由和初心应该是最不聪明的，那就是因为寂寞去爱，因为想找个人来陪伴去爱。很多女孩受了伤才发现，她爱错了人，找错了门，上了一条承载不起她的爱的船，这条船不是残破不堪经不起外界的风雨，就是超载严重动辄倾覆。遇到有别的女孩想和她分享这个男人，很多女孩都会抓狂，要控诉要宣泄要抗争，感觉自己遇上了世界上最可恶的渣男，但她们通常却忘了这条船是她们自己上的，当初可能就是因为这个男人的一句话，一个暧昧的眼神，甚至一杯献殷勤的咖啡，就解除了自己的"武装"，她以为男人带她上了床就证明是爱她的，这个男人下了班来和她一起消磨时间就是想娶她，岂不知也许这个男人也是为打发自己那颗寂寞的心，才选择跟她在一起的。当两个成年人不是因为真爱，而是为了想要摆脱那如影随形的寂寞而在一起的时候，这场爱也就沦为了一场游戏，大概也没有什么更大的价值。这也是很多姑娘爱了半天，却发现自己两手空空、一无所获的根本原因吧。

关键是有的姑娘会在这种并不那么靠谱的爱中过于投入，有的甚至献出了自己的全部身家，在这场逐爱游戏中赌上了自己的幸福和人生，这是一件非常冒险的事，成为赢家只是小概率事件，因为爱的动机过于脆弱，经不起任何风吹草动，因此，在这场赌局中落败的常常是姑娘，这也是我的咨询室永远不缺客户的原因之一。

说这么多我无非是想要跟姑娘们分享这样的智慧，爱是这个世界上最简单又最纯净的东西，它容不得半点私心杂念，你想找一个爱人也好，找一个伴侣也好，一定要把爱的理由想好，你确定自己是为了想要一份真诚的爱而选择爱一个人吗？你确定你爱上的这个男人的确是你想要的那款吗？包括你想要跟他结婚，所有的理由都应该是你需要这个男人，而不只是为了找个伴来排解内心的寂寞，让自己不再孤独。

有太多的个案告诉我们，为了让自己不再寂寞而爱的人会让你更加寂寞，为了不再孤独而选择一起走的人会把你抛下，因为以游戏而开始的爱情最终只会以游戏的方式结束，如果你是过于认真的玩家，你会输不起。感情的伤哭一场、睡一觉会过去，但心里的痛到最后是很难过去的坎儿，这样的坎儿多了就成了一座珠峰，那些什么都不差的妹子之所以把自己留到最后，常常是因为心里的坎儿太多，连她自己都懒得再去"翻山越岭"了。所以，岁月流逝，当年华老去，她如自己所愿成了她自己，却很难再找到和她匹配的那份圆满的爱情，或者把自己像甩包袱一样随便地托付给哪个男人，这样的女孩需要运气才可能找到真正的幸福，可运气这东西有点像新鲜的空气，看着到处都是，却偏偏让你无法靠近。在我的这本书里，我写了太多这样的姑娘，应该说她们都是好姑娘，只是她们当中有太多的人从开始出发时就搞错了方向，因此越努力，离幸福的目标就越远，以至于最后迷失了自己，她们的痛我懂，她们的期待我明白，她们的成长我关注，于是有了这本书，虽说人生走了弯路才知道智慧有多重要，我还是期待姑娘们少走一些弯路，因为青春有限，岁月无价，把走弯路的时间拿来多体验一些幸福的时光不好吗！更何况这些弯路书中的姑娘们都走过了，你还要去步她们的后尘吗？我看还是免了吧，也许你用一天就可以把这本充满智慧而实用的书读完，干吗要用你的小半生再去体验那些沟沟坎坎？想要成长，就多读书吧，尤其是秀姐的书，它不是秀姐的智慧，而是很多姑娘的伤口，碰触它也许会很疼，可是任何成长都会伴着疼痛和快乐，尤其是爱情的智慧。在伤口里成长一直是我推崇的一种人生哲学，因为智慧之光常常会在伤口深处闪耀，想要学会聪明地去爱，看看别人在遭遇伤痛时是怎么做的，应该是一条比较靠谱的捷径！

于秀

2015 年 11 月 22 日深夜

Contents

目录

女人不倔强，
幸福从天降

这辈子真白活了吗

　　说来很奇怪，我可能是专为收集故事而来到这个世界的，因为几乎我见到的每一个人，都会在认识的三分钟后，向我说出他的人生故事。在我的微信朋友圈里有一大拨儿高龄单女，她们大多 30 岁开外，个个都嚷嚷着自己是有故事的人，自然，她们的故事我没少听。

　　可听来听去我总有一个感觉，那就是好像这些到现在感情还处于迷茫期的妹子们从来没有遇到过靠谱的前任，用她们的话说就是从来也没有遭遇过真情，这使她们感觉很受伤，甚至有的妹子还为此发出了"这一辈子白活了"的感叹。

　　在和这些妹子交流多了以后我发现，有时候其实并不是她们真的从没有遭遇过真情，只是什么样的情才是真情，这里面有一个认知的问题。据我了解，有很多妹子一直把能够陪自己走到底的情意才看成是真情，这中间不管是什么样的原因，只要是大家一拍两散的，妹子们通常就会把对方归为人渣，甚至是骗子，自然地，曾经再美好的真情也变成了花言巧语、图谋不轨，这让很多妹子回忆起往事就痛心疾首，感觉自己整个人都不好了。

还有一些妹子经历一段或数段感情后，往往无法从过去的阴影中走出，怀疑自己，怀疑真情的存在，成为她们不敢再轻易尝试新的选择的理由，甚至还有一些更极端的妹子，跟错一人便拒绝所有人，在感情上把自己封闭起来，很多资深单女的身份就是这么来的。而对她们来说，单着的日子一旦习惯便懒得去改变，很多妹子到了后来变得谈吃就两眼放光，谈情则神色黯淡，让你想去帮她都感到无从下手。

我特别理解感情的事儿，有时候的确让人无法做到心态平衡，尤其是有过真情投入的感情一旦逝去，更会产生极大的杀伤力，但我也的确觉得妹子们把所有最终无法修成正果的感情都归类为被欺骗或者被耍弄有些过于极端，正是这种有些片面的认知导致了她们对真情的定义发生偏差，也让她们从此害怕再投入真情，或者与真情绝缘。

真情是什么？真情无非就是在那一瞬间某人对你或者你对某人爆发出的激情，你们在这种激情中看到了彼此的美好，感受到了彼此关注的温暖，这种感觉维持的时间因人而异，从几十分钟到数年不等，因此人只要相爱过就一定是因为真情，那种一旦分手便否定曾经的真情的妹子，岂不是连自己也否定了？

虽说生活中好的前任真的也许并不多，但也不必把分手的责任都推在对方身上，相信他当初和你在一起一定是因为真情，只不过真情的维系需要很多很多因素。或许你们只是一段的情缘，缺少一世的机缘；或许你们只是彼此生命中的过客，相遇只是为了在各自的人生片段中留下回忆，但只要相遇了、相爱了，就是美好的事，情缘虽逝回忆如歌，何不长留心间待从头?

　　我曾经对那些恋爱失败、数年后很难再投入一段新感情的妹子做过一个心理调查，除了和前任分手后再也没有遇到合适的人这个理由以外，大多数妹子承认不想和不敢再开始一段真情是她们（即使有机会重新开始也会装作视而不见）封闭内心的主要原因。

　　很多把自己单着的纪录刷到最高值的妹子都说过这样的话："我曾经为真情如此付出，结果却遇到了渣男，我再也不相信这世界存在什么真情了。"也正是这样的认知让她们屡屡纠结，闹情绪，发脾气，放弃自己，事实证明这样做真的是最消极的一种选择。

　　我跟很多有过类似经历的妹子都说过这样的话，不管你信与不信，真情总是有的，过去的不见得就不是真情，真情不一定非要一个结果来证明，所以，尊重你的付出，相信你曾经拥有的，不要当它不曾存在过。

　　怀疑和否定一切只会让人心里的阳光越来越少，寒冷越来越多，一个人的心要是冷了，是很难温暖别人的。爱情不是一个人去温暖另一个人，它一定是两颗温暖的心燃起的火苗，彼此靠近，迸射出爱的火花。

　　不管曾经多相爱的人不能在一起走下去，一定是他们不合适或者彼此还会有更理想的选择，何必因分离而害怕重新选择呢? 那些为情所伤心的妹子们，别再给自己的退缩找借口，别再让这样的心理暗示成为你的心理习惯，久而久之，体会深陷其中无法自拔。

　　承认吧，你到现在还单着，是因为借口太多。从现在起，别再给自己找任何借口，放下那些对过去的纠结，别让此生与真情擦身而过。青春有限，岁月流转，别浪费时间，请试着敞开你的心扉，展现你的勇气，为爱再试一次!

寂寞是你自找的

　　傍晚，我正在散步，接到我一个学员的电话，她叫桑怡，28岁，是一位出色的网站编辑，她约我半小时后在漫咖啡见面，说自己再不跟我聊聊天就要崩溃了。

　　桑怡的事情我知道，她和男朋友高中时开始恋爱，中间分分合合闹了很多次，历经了上大学时的异地恋，北漂时的各自打拼，在事业稍有起色后两人终于生活在一起，前前后后共相恋了九年，可关系屡屡走向末路，又屡屡被拉了回来。为此，桑怡参加了我的两性关系辅导班的课程培训，听说好像对她有所帮助，我相信如果不是除了她实在无法承受的事儿，她不会这么着急找我。

　　半小时后我见到了身材高挑的桑怡，可是她却让我以为世界到了末日。那是初夏时节，旁边的女孩个个穿着漂亮清透的裙子，裸露着美丽的小腿，桑怡的身上却穿着厚厚的毛衣外套，运动裤下面是一双笨拙的运动鞋，头发胡乱地挽在脑后，眼睛肿肿的，像是几天没睡。

　　一见到我，桑怡就哭了："他走了，这次是真的走了，他说他再也不会回来了，我已经等了他三个星期了，他让我别等了，我该怎么办啊，您教教我，我不想让他离开我，可是我不想让他知道我真的离不开他。"

尽管漫咖啡里灯光昏暗，我还是能看见桑怡的泪珠像细小的碎钻在她光洁的脸上来回奔涌，然后掉入她眼前的咖啡杯里，无声无息。

桑怡在哭，我在等。

我在等她的情绪高峰过去，现在她只看得见自己的悲伤，看不见事情原来的面目，是无法理性面对现实的。

果然，哭了一会后，桑怡平静多了，她开始可以完整地对我叙述整个事件的经过。她告诉我，在这次男朋友离家出走之前，是她先因为一点小事赌气出走，去闺密那儿住了好几天，本以为这次男朋友会像以前那样向她道歉，然后接她回家，可是住了一个星期男朋友都没理她，只是在微信里淡淡地问候了她。桑怡感觉很郁闷，又很无奈，几天后自己搬了回来。

因为房子是桑怡租的，回家以后桑怡把男朋友的东西装了两个箱子，放在了门外的走廊上。男朋友回来后坐在门厅里抽了很长时间的烟，给待在卧室里不肯出来的桑怡发了很多微信，但桑怡就是不理他。等桑怡听到门口没声音了再出来看的时候，男朋友已经和他的两个大箱子一起消失了。

桑怡和男朋友从高中二年级开始谈恋爱，后来两个人考上了不同城市的大学，四年里两个人省下的所有生活费都用来买车票了，再后来两个人相约来北京打拼，由于住在不同的区，两个人都只舍得租地下室住，为的是省下钱来可以早日租一个好一点的一居室搬到一起。来北京两年以后，两个人的工作稳定下来，有了一点积蓄，才住到了一起，结束了咫尺天涯的生活。

可让桑怡没想到的是，他们谈了六年恋爱，刚刚住在一起六个月便各自离家出走一次，每一次桑怡出走都是男朋友用鲜花和甜言蜜语把她接回来，而男朋友离开，则是桑怡不停地给他发短信、发微信哄回来的。

后来，桑怡发现，频频的离家出走好像成了她和男朋友之间唯一可以解决争端的手段，每次一闹别扭她拿起包包就走，男朋友不会阻拦她，但却一定会在几天后哀求她回来，答应她所有的要求。

男朋友偶尔也会消失几天，刚开始桑怡还很重视，会发微信求他回来，后来，桑怡也麻木了，爱回不回吧。不过，她发现男朋友这人是挺贱的，每次离家不超过三天一准回来，还常常给桑怡带回她最喜欢吃的柠檬布丁蛋糕。

就这样，两个人的感情一直处在这样的波动中，一会她走了，他进入低潮，一会他回来了，她情绪振奋，两个人又一笑泯恩仇，小别胜新婚。桑怡说，住在一起的这三年，他们几乎吵了一生的架，可再怎么吵她也没想过要放弃，因为每次吵完了她都后悔，看着男朋友有时候气得发青的脸，她也很心疼，很想抱着他的头吻吻他，向他说一声"对不起"。可是她想了无数次，却从来没这样做过，因为她不想让他觉得自己很软弱。

我问桑怡，你说你们总是吵，还记得你们主要是为什么吵吗？桑怡摇摇头："不记得了，一次都不记得了，有时候吵着吵着我就已经忘记为什么事儿吵了，只是忍不住还要吵，因为我不想让他觉得我好欺负，不想让他感觉我很软弱，不想让他在我们之间占上风，那样我就会觉得自己在这段关系中失去了控制权。其实每次吵完我都想不起为什么吵了。"

"这次他真的走了，我好后悔。他不在的这些日子，我总在想，很多时候都是我在闹，我在任性，他一直说我在挑战他的极限，说他不知道会忍耐我到什么时候，可我从来没把这些话当回事儿。我每次赶他出去，实际上都希望他马上回来，我喜欢他赖着我说不想走，求我别让他走，抱着我说他离不开我。我一直很想听他这样说，可是他从来没有这样说过，每一次都走得那么无所谓，那么不在乎，可我真的不知道，这次他是铁了心不回来了。"

我问桑怡："他走了以后，你给他打过电话吗？"

桑怡泪眼蒙胧地问我："为什么要打电话？我们之间从来不打电话，我们只用微信沟通，用微信表达。""那他告诉你要结束你们之间九年的恋情也是用微信吗？"我惊讶地问。"是呀，他是在微信里跟我这么说的。""那你居然也没给他打个电话？"我更加诧异了。

"需要吗？他都没给我打一个电话，我也不想给他打电话。再者说了，我不想听到他的声音，那会让我想起太多往事，让我失去勇气接受他离开的这个事实。虽然我真的很伤心，可是我不想让他知道，不想让他看见我的眼泪是为他而流，毕竟是他先甩了我。"桑怡倾诉着，语气中颇多不忿。

我原来以为桑怡火速找我，是想让我给她出出主意如何挽回，可她哭诉了半天我才明白，她只是有些气不过人家先把她给甩了这个事实。

　　所以，我真的看不明白她和她男朋友之间的这种感情了，我不明白她这样的行为是一种什么样的人格造成的。而且，我感觉在我身边这样的女孩真的不少，有男朋友的时候，她们吵她们闹，无所顾忌，随心所欲，直到让对方的心冷下来，甚至拎着箱子走得再也看不见。

　　可在这个时候她们不会打电话，不会告诉那个离开的人其实她舍不得让他走，只会愤愤不平，只会暗夜独泣，只会强忍着告诉别人，没事儿，我才不在乎。

　　这样的傻妹子我看得多了，她们太执着于自己的那点小小的所谓尊严，太放不下自己那点狭隘的小心思，太怕自己会输，却不曾知道，她们赢的只是寂寞而已。

　　桑怡的故事我跟很多年龄不小，身边空荡依旧的妹子们分享过，不少人流下了追忆的眼泪，告诉我一个又一个相似的故事，原以为离开那个人会豁然开朗，没想到却依然情路坎坷，越往下走心越痛，离那个人越远就越感觉舍不得，可是，物是人非，爱又怎样，谁也回不到过去了。

　　我相信这样的经历在很多大龄妹子的情感历程中都会有那么几段，漫漫人生路，在不同的路口，我们会遇上不同的人，每个人留给你的，都是独家的爱情记忆，陪伴你走过不同的情路，而这情路是坎坷还是平坦，是青涩的回忆还是任性的过往，其实不都在你的掌控之中吗？

　　我问过太多的情侣这样的问题，为什么分了才觉得想要？为什么离开了才觉得可惜？为什么过去了才知道美好？为什么找不回来了才会流泪？

　　真正好的爱情果实不是天然甜美的，而是需要后天的精心培养。在他离去的时候，说一句"我舍不得你"又会怎样？在他不想回来时，告诉他"我想你"又何妨？

我一直觉得真爱就像鬼，听说过没见过，每个人都想要但每个人都见不到，这是因为每个人都缺乏争取真爱的勇气，缺乏为真爱放下自我的胸怀。实际上真爱是什么，有的时候真爱就是真的爱那个人，真的希望和那个人一条道走到黑，一条船到对岸。

别再说你情路坎坷了，关键的时候让你的小自尊放软一下下，什么都有了，如果你真的很爱很爱那个人，就不要怕他知道，爱一个人谦卑一点不可耻，在爱情里讲输赢注定要失败。

那天到最后，我对着泪眼婆娑、深夜了还不肯回家的桑怡说："把手放在你心脏的位置，轻声问自己，你还爱着他吗？"

桑怡把手放在左胸，安静地点了点头。

"OK，一会给他打个电话吧，九年的恋情值得你打个电话，不管他回不回来，你都不会有遗憾了，好吗？"

暗恋和单恋是在浪费时间

　　最近闺密给我哭诉了她的遭遇，30 年前，一个年轻的小伙子追她，两个人在若即若离了一段时间以后，不知什么原因无疾而终了，从此两个人天各一方，再也没有交集，甚至 30 年来再也没有见过面。这些年来他们各自结婚生子，为了生活疲于奔波，谁也没想到要联系谁，闺密以为这是她不甚在意的一件往事。

　　可谁也没想到，30 年后在一个毫无征兆的夜晚，那个人通过微信与她联系上了，只是当年帅气的小伙儿如今已是稳重成熟的大叔，事业有成，笃定自信。大叔联系上自己当年的初恋情人自然是一吐衷肠，说出了一系列让闺密震惊的话。他说当年他对她感情浓烈之极，闺密消失后，他很长一段时间走不出来，沉浸在对闺密的思念中不能自拔，后来选了一个资质平庸的女孩儿结婚生子，也是因为被爱情所伤，心灰意懒，觉得人生从此再无盼头。

　　大叔说 30 年来他无时无刻不在思念着离他而去的那个姑娘，想尽一切办法打听她的消息，可无奈姑娘搬离了他所在的城市，根本渺无音信，

30年来大叔想起这段感情就会泪湿双颊，他说自己把眼泪都快流干了。

闺密说，如果这样的话从一个女人嘴里说出来，她觉得还正常，可这是一个已经到了知天命之年的男人的倾诉，让她倍感凄凉和震撼。于情于理，这场持续了30年的寻找将会、该会有一个怎样的结局呢？

闺密历经两次婚姻，现在的丈夫，两人相处也算琴瑟和谐，大叔虽说不幸福，但30年也让他与妻子成了家人，亲情和责任成了他肩头很难卸下的担子。虽说他一再表白倾诉还爱着那位30年前让他一见倾心的姑娘，闺密也在大叔的倾诉中突然发现原来自己是喜欢当年的那个小伙子的，感情有点燃烧，情绪有点难以自控，可是又怎样？使君有妇，罗敷有夫，这世界上不是只有他们两个人，30年的等待与寻找也许只能是一种等待与寻找。

闺密边说边哭，看来是情有所动，她一边不断地抽着纸巾，一边哽咽着跟我絮叨："他说他当年很爱很爱我，喜欢我到不能自拔，可是我当时一点感觉都没有呀，他没有让我知道他很爱我呀，我们只是相互有好感，也没觉得他对我有那么强烈的感情啊，他说他找了我30年，等了我30年，爱了我30年，我哪里知道呀。30年，多么漫长啊，他现在才告诉我，不是折磨我吗？我已经跟他说了，前30年我不知不觉中折磨了他，看来后30年他要来折磨我了，这样沉重的爱能让我不伤心吗？他其实就是在一直暗恋我呀，我却错过了他的感情，人生有几个30年啊，我们付出的代价太高了。"

我问闺密她想怎么办。她说不知道，只想稀里哗啦哭个痛快。我知道她表面看上去很镇定，其实心里早已乱了方寸，有哪个女人能在听说一个男人为了爱情找了自己 30 年后还淡定自如的呢？

无独有偶，晓媛是一位 27 岁的姑娘，她在读大学的时候就恋上了比她高两级的一位学长。那是一个出色的男孩，弹得一手好吉他，还会写诗，可是他从来没有给晓媛写过诗，因为他有女朋友。

毕业后学长留京，晓媛放弃了家人在老家给她安排的稳定的教师工作，在北京过起了北漂的生活，换过无数工作，搬过无数次家，经历了无数个心力憔悴的时刻，也拒绝了不少对她有兴趣的男孩，原因只有一个——她喜欢学长，那个会弹吉他的男孩。

我问她男孩知道吗？她含糊其辞，不知道，大概，也许。我又问她，那你喜欢他这么多年向他表白过吗？她有些神情游移，人家有女朋友，我不知道该怎么说，再说我喜欢他他不一定喜欢我，而且我喜欢他是我的事儿，跟他没太大关系。

看着这个从 22 岁喜欢一个男孩，到 27 岁仍然一厢情愿沉迷于单恋的女孩，我不由有想要敲她的脑袋的冲动。5 年的青春对哪一个女孩来说都是千金不换的，但她却如此任性地豪掷，为一个基本跟她不太相干的男孩，奢侈浪费一千多天光阴，换来的却是爱情世界的赤贫，最后注定会透支自己所有的情感积蓄。当青春不再，红颜凋零，有谁会为你流年易逝伤感？为你满面皱纹负责？

从那位暗恋了 30 年却只能把眼泪哭干的大叔，到单恋了 5 年却连爱情的边都没沾上的晓媛，我觉得痴情的人除了让人感动，能留下一段佳话以外别无长处。一个人独自吞咽孤单苦闷，这样的日子久了，只怕也会有"高处不胜寒"之叹吧？

生活就是简单的人间烟火，只要你愿意接纳和打开自己，不见得只有那一个你永远得不到的人才是你的真命天子。不必为了谁死守城门，打开城门，人来人往才会有更多的选择机会。

或许，有时候正是因为得不到，他或她才成为了你心中的神，历经时光的发酵，罩在你心中的神的头顶上光环越来越多，你也越来越被那些光环所聚焦，移不开目光转不过身，却不知这个神其实就是你自己造的啊！

我一直觉得，如果真有神的存在，这个神应该是你自己，自己决定要走的路，自己掌握自己的命运，自己选择自己的生活方式，所以，不要再干那种把别人造成神，让自己被其光环笼罩的傻事儿了。在爱情中，不管是暗恋还是单恋，都是很没智商的一种行为，前者伤自己、伤别人，后者不仅伤自己伤别人，还伤后代，因为晓媛单恋的那个男孩，儿子都可以打酱油了，可她却连一个靠谱的男朋友也没有谈过。

从心理上讲，暗恋以及单恋都是一种心理疾病，发病者大多有人格缺陷或者性格问题。他们或者不敢面对自己的情感，或者压抑自己的情感，长期活在自己的世界里，以自己为这种没有得到呼应的情感的无私奉献为一种鼓励，让自己坚持下去，充满了献身的悲壮。这实际上也是一种美感，只不过是一种畸形的美感，让人沉浸而不自觉。

闺密在大叔暗恋她 30 年后才让她知道这件事儿上真是上了火，接连几天眼泪没断过，后来她求我把这件事儿写成电视剧，我答应了，因为结尾我已想好。我是这样设计的：女主角在获悉大叔的深情后，矛盾斗争了很长时间，终于决定要为真爱出走一把，毅然抛开家庭的牵绊，直奔等了她、暗恋了她 30 年的大叔而去。可就在两个人马上要重温旧梦的那个激动人心的时刻，女主角却不幸出了车祸，魂归天堂，大叔终究失去了他的姑娘，30 年的苦爱最后仍是一个悲剧。

为什么要设计如此不讨喜的结尾？一是因为你总不能让观众看到他们 30 年以后的相聚，变成一个双方都有家庭的成年人的幽会吧，这不仅亵渎爱情，也影响年轻一代的认知。另一个原因是我想用后果法提醒那些沉迷于暗恋以及单恋的人，既然爱了，就要勇敢地表达出来，趁一切都还来得及。

我一直认为，爱情就像猎物，只属于胆大心细的猎手，所以，如果你真的觉得爱情难遇亦难求，那只能证明你还不是一位好猎手。想要做好猎手就要多出手，出手后的每一次失手，都可以为你带来更多的经验，让你获得发现更肥的猎物的机会，可你要是从来不出手，那你就只能一直望猎物兴叹了，当然，这也是你的自由。

别为年龄发愁

之前接触了几个因为年岁渐长着急把自己嫁出去的大龄妹子的心理咨询个案，颇有感触。

一个是一对80后小夫妻，小两口已经分居一年准备离婚，在办手续前找到了我做心理咨询，看得出他们想要做最后的努力，而且丈夫比妻子更积极一些。在整个交流的过程中，我感觉到妻子对丈夫的感情似乎有些问题。在丈夫起身离开以后，我问了这位妻子这样一个问题，当初嫁给他是否并不是你最好的选择？

妻子的回答是肯定的。后来这位妻子告诉我，她的丈夫原先是她的同事，追了她八年她都没感觉，后来她出国了，再后来她从国外回来，自己特别投入的几段感情都无疾而终，而他还在默默地等着她。作为已经30几岁的大龄女子，不光父母催婚，她自己也觉得再不嫁有些岌岌可危，刚好身边还有这样一位对她如此长情的男人，她几乎有些奋不顾身地就嫁了。

可接下来的日子却让她有些焦头烂额。因为彼此之间并不真正地了解，以及相互的成长经历、生活背景相差太多，这段婚姻中的他们并不和谐，甚至有些跌跌撞撞，以至于走到了山穷水尽的地步。在妻子对我诉说了很多对这个男人和这段婚姻的失望之后，我问她，你坦率地讲，你是不是爱你的丈夫并不像他爱你那样多？或者你对他真的很难有那种发自内心的爱？

我的问题让妻子的脸色发白，但她却下意识地对我点了一下头，承认了这个事实。其实，婚姻中的许多问题首先都源于婚姻的动机，如果动机出了问题，婚姻之路必然坎坷难行。

还有一位 31 岁的妹子直接把男朋友带到了我面前。她白皙、漂亮，本科毕业，政府公务员，还有一点职务。而她的男朋友，初中毕业，和父母开了一家卖玉石的小店，个头比女孩矮，长相猥琐，一脸小生意人的谦卑。

女孩告诉我，因为 31 岁了还没结婚，父母和亲戚朋友一直把她看作另类，不时用冷言冷语刺激她，这造成了她巨大的精神压力和心理负担。每天醒来的第一件事，她都在想什么时候尽快把自己嫁出去，了却父母的心病。

现在的男朋友是在网上认识的，虽然见面以后她很失望，但男孩很快呈现死缠烂打之势，各种殷勤献过之后，又带她见了自己的爸妈。男方家很满意，女孩家虽然并不特别积极，但也有一种如释重负的感觉，不说好也不说不好。女孩在这种态势下有些迷茫，虽说感觉男孩在文化层次上跟她有些距离，两个人的共同语言并不多，但在自己恨嫁的时间点里，女孩有点要赌的感觉，找我咨询是因为她实在拿不定主意。

当我告诉她这个赌注下得有点大时，女孩哭了。她说，自己一直很优秀，学业出众，让父母很骄傲。没想到在婚姻的事上一直不太顺利，又实在不想让父母失望，尤其是过了30岁以后，连她自己都觉得30岁未嫁是一种失败，所以，当这个男人表示想娶她的时候，她已经有只想要一个解脱的感觉了。

几个个案咨询下来，我有一种深刻的感觉，那就是虽说现在社会的包容度越来越大，家庭包括父母对大龄女孩的容忍度越来越高，但还是有不少的高龄单女受到了来自各方的压力，这其中当然也包括来自她们自己对自己的不信任和怀疑。

对年龄的慌张感，对未来的失控感，和对家人及父母的负疚感，成了高龄单身女性头顶上不时就会飘起雨丝的阴云。这些阴云遮挡了阳光，也让她们看不到自己未来的出路。

人在找不到路的时候，常常会慌不择路，甚至见路就走，哪怕这样的路坑坑洼洼、高低不平，或者充满了泥泞。这样的选择大多风险丛生，有的其实就是在冒险。至于结果如何，不难想象。

我一直认为，女孩子因为高龄而匆忙为自己找下家，只为了嫁人而嫁人是一件很不计成本的事。这些年我在咨询中一直不断遇到这样的婚姻问题，很多婚龄很短却极不愉快甚至维系不下去的婚姻，大都来自这样的选择。女孩年龄大了，通过相亲找到了结婚对象，衡量一下条件，觉得勉强可以接受，很快谈婚论嫁，但通常也很快在嫁了以后发现，这样的婚姻并不是自己想要的，由于缺乏真爱的铺垫，这样的婚姻往往很短命。

我特别理解这些高龄单女的苦衷，到了一定的年龄，过着与身边的大多数人不一样的生活，在中国这样一个特别热衷于从众的社会里，的确有些孤寒。尤其是父母和身边的亲戚朋友如果再是特别较真儿的人，那压力也一定是相当大的。

可我也一直认为，女人想要活得坦然、舒畅，一定要有自己的定力，这是让你具备足够的抗压能力的一种力量，这种力量会让你相信自己不是最糟糕的，让你对未来还会抱有足够好的憧憬，不惧怕岁月盗走你的美好。

很多人都喜欢把女人比作鲜花，这让每个女人都担心自己经不起岁月的偷袭，实际上当人们品尝过果实的甜美多汁以后，人们更会被枝头的硕果吸引，而非一味迷恋鲜花，因为，不是每一朵鲜花都可以成为果实。

所以，为什么要为你的年龄担心？为什么总要在娇嫩的花朵前羞愧？花朵再美丽也只是窗前的点缀，只有果实才能浓缩岁月的精华，蕴藏生活的甘美。

常常看到一些大龄妹子为自己的年龄过度焦虑，以至于让自己天天生活在惶惑中，找不到出路却又左冲右突，毁了自己的岁月静好。每次我都会跟她们分享，时间虽然很无情，生活却甚有情意，别放弃自己的坚守，尊重生命的规律。没有在春天绽放并不意味着永失芳华，只要耐心等待，每个人都会有自己的收获，每颗果实都会有属于自己的采摘人。你要做的只是，别辜负岁月，让自己变得如一粒果实般饱满、甜美、富有生命力。

很早就听人说，不以结婚为目的的恋爱是在耍流氓，那不以爱情为目的的婚姻又算什么呢？在我看来，在所有必须结婚的理由中，因为高龄而随便步入婚姻的行为基本上属于低智商的超任性行为，因为结的是婚，过的却是日子，如果双方没有足够的感情和了解，没有相当的默契和接纳，两个人的日子一定比一个人的生活更难对付。

记得小时候看过一部朝鲜电影叫做《摘苹果的时候》，这么多年过去啥都忘了，只记得满银幕上都是闪闪发光的果实，那是经历了漫长的等待后令每个人都感到欣喜的时刻。所以不要把时间看得过于可怕，它不是要你凋零，而是要你更加丰盈、饱满、完美，虽然没有一时的惊艳，却能长久地吸引所有的目光。

爱情是你自己的，跟他人无关；婚姻也是你自己的，跟父母无关；时间更是你自己的，跟所有的人都没太大关系。只有你是属于一个人的，他或者正在来的路上，前路朦胧，你需要让自己更加闪光，他才会在对的时刻找到你。所以，把那些会让你做出错误决定的舆情都屏蔽掉吧，专心做你认为可以不畏惧岁月打磨的事，比如成为一颗令人期待的诱人的果实，这应该是时间给你的最好的回报。

一个人也要过得开心

　　有一次，我晚上去一家西班牙风格的酒吧消磨时间，发现酒吧里有一位花样美男舞者，他的拉丁舞跳得荡气回肠，身材也超级有型，当然身边少不了辣妹捧场。养眼的美男当然谁都愿意多看几眼，后来，我经常在周末的时候过去叫上一杯啤酒，随着性感的音乐消磨一阵儿，一来二去也认识了几位妹子。

　　她们大多是这家酒吧周边写字楼里的白领，穿戴讲究，气质不错，属于自己挣钱自己花的主儿。一打听年龄，我有点吸凉气，这些看上去萌萌的妹子最小的也已经 27 了，最大的已满 35 岁。看着她们每个周末都把时间用在为这位跟她们不怎么相干的美男舞者站台撑场面上，我在想要是有男朋友，她们不会总在这里度周末吧？

　　可她们不着急吗？我开始好奇起这个问题。蜜蜜是她们当中年龄最大的一个，只是她的娃娃脸总是让人产生错觉，以为她是 90 后，而她好像也很享受人们的错觉。蜜蜜知道我经常跟一些大龄女打交道，因此，她很乐意跟我分享。

　　她说她来这家酒吧跳拉丁舞快五年了，已经和这位花样美男舞者成了很好的朋友，她亲眼看着这位舞者从一个舞蹈学院的学生成长为一个真正的舞者，成了很多女孩的偶像。而蜜蜜来这里跳拉丁舞的原因只有一个，拉丁舞一个人也可以跳得很好。

　　30岁以前，蜜蜜曾有一个稳定的男朋友，两个人贷款买了房，买了车，除了没领证，好像该走的程序都走了。可在他们同居日子的第八个年头，男朋友跟蜜蜜坦白，他在外面有了新欢，是单位的90后小姑娘，如今已怀孕数月，他已经说好了要娶她。

　　没等她表态，男朋友把家里的存款和车都拿走了，留下了还需要供20年的房子，他说蜜蜜是弱者，他不能把事儿做得太绝，所以房子给她留下了。这件事儿让蜜蜜足足在家里躺了一个星期才爬起来去上班，可一上班，她随手打开一本杂志，便看到了前男友与新欢拍的妈咪杂志的照片，这让她又回家躺了一个多星期。

　　重新回到一个人的生活刚开始让蜜蜜很不习惯，她像无头的苍蝇到处冲撞，白天到大街上，只有挤在人群中间才让她忘了那些不快；晚上回到冷清的家里，无端的就会哭上一个小时。把前男友的照片全部撕掉，再一点一点粘贴起来，然后再撕掉，晚上她通常只会干这一件事，直到筋疲力尽昏昏睡去。

　　这样的日子一直持续了很长时间，蜜蜜觉得自己再也不可能有新的开始了，可是她真的很烦一个人的日子，尤其是周末，不知道该怎么打发，往往是一发呆就整整一天。由于饮食不规律，经常暴饮暴食，蜜蜜开始发胖，而她似乎也有点不在乎自己了，她觉得既然身边连一个男人都留不住，干吗还费精力捯饬自己啊，蜜蜜感觉自己似乎有点堕落了。

那是一个初春的傍晚，蜜蜜百无聊赖地坐在这家西班牙风格酒吧的一个角落里，面对着一杯啤酒，沉浸在自怨自艾里。音乐响起，她看见男舞者一个人在舞池里跳着，因为还早，当时整个酒吧里只有舞者和蜜蜜两个人，可年轻的舞者并没有因为只有蜜蜜这一个观众而不卖力，他用心随着音乐的节奏舒展着身体，把每一个动作都做得很唯美，蜜蜜看得走了心，一时有些小感动，眼眶湿湿的。

就在蜜蜜有些忘情的时候，男舞者一边跳着一边走了过来，他向蜜蜜伸出了手，来，姐姐，跳起来，这么好的音乐，这么好的春光，别辜负了！见帅帅的舞者向自己走来，蜜蜜有些心慌，她往后退缩着，不，不，我不会跳，我太胖了，我不行。尽管蜜蜜一直推脱，男舞者还是礼貌地牵起了她的手，把她带到了舞池中央。刚开始，蜜蜜只是身体僵硬地随着男舞者的舞步而动，不一会，她好像跟上了音乐的节拍，自如地舞动着。在大学里，蜜蜜曾经拿过团体操冠军，本来就是一个节奏感很强的人。

跳了一会后，男舞者松开了蜜蜜的手，对她说，姐姐，你跳得很好，乐感很强，你自己跳跳看。我，自己，还可以跳舞吗？蜜蜜有些迟疑。没问题，你只要跟着音乐走就可以了，舞蹈本身就是你的肢体语言，你想表达什么就让你的肢体表达出来就可以了。男舞者真诚地鼓励蜜蜜。

那天晚上蜜蜜跳得很嗨，那是男朋友离开以后她过得最痛快的一个晚上，而且，那天回到家里，她很快就入眠了，且一觉到天明，不像以前，每天必须靠一小杯红酒才能入睡。

从那以后，蜜蜜开始每天都坚持到那家西班牙风格的酒吧去。她不再让男舞者带着她跳舞，也不管有多少人会关注她的舞姿，只是用心地跳着一个人的拉丁舞。她感觉自己破碎的心在音乐里一点点被融化，又在肢体的舒展里一点点被修复了。过了一段时间，蜜蜜发现自己瘦回了原先的体重，皮肤也开始重新变得有光泽，更重要的是，她慢慢觉得生活还是很有希望的，自己还是很可爱的，一个人跳舞也是挺不错的。

精神状态好了以后，就有朋友给蜜蜜张罗相亲的事儿。原来很拒绝这种方式的蜜蜜偶尔也会打扮起来去试一试，并且开始不排斥与看得上眼的相亲对象约一下会，可是在婚姻这件事儿上蜜蜜的心态好了很多，至少不再那么功利，她开始觉得一个人的日子也不错，既然一个人可以把拉丁舞跳得潇洒精彩，一个人也可以把生活过得有滋有味吧？

不久，蜜蜜把自己的闺密、同事中单着的女孩也拉了进来，有很多女孩在这之前很拒绝在酒吧跳舞，总觉得没有舞伴怎么可以跳舞，一个人能跳出舞蹈的神韵吗？

可当蜜蜜随着音乐舞动起来的时候，女孩们都震撼了。原来，一个人不但可以跳舞，还可以把舞跳得那么动感、那么唯美、那么无所畏惧。女孩们不再犹豫、不再迟疑，从此，那位男舞者的身边就有了这一群习惯了一个人跳舞的妹子。

蜜蜜的经历让我很有感触。在这之前，我也的确认为一个人跳舞，尤其是跳拉丁这样的交谊舞是不可能的事。欣赏了蜜蜜的舞姿以后，我必须承认，她跳得不但很美，而且很优雅，充满了尊严。

生活中充满了美妙的机缘，虽然只是寥寥数语，男舞者的话却在无形中帮蜜蜜走出了感情的泥沼，让她找到了不一样的自己，也找到了生活的另一种方式，那就是一个人跳舞也可以很快乐。

五一长假，我跟先生去了巴厘岛，一路上遇到了很多独身一人到巴厘岛度假的妹子，她们有的是老师，有的是公司白领，有的是自己开店的，各种职业不一而足，却有一个共同的特征，那就是年龄不小，背包不小，自己一个人出来玩的年头不少了。

一路上我爱跟她们聊天，我发现她们很快乐，很享受一个人在外度假的日子。有的女孩说，早已习惯了打起背包就走，再掺上一个人怎么都觉得不自由，影响节奏；也有的说，没有男朋友并不意味着就得足不出户，封闭自己，现在一个人玩，等将来有了男朋友再和他一起玩，体会的是不一样的感觉。

和妹子们聊着天，我突然想起了喜欢一个人跳舞的蜜蜜。这世上，有什么是不可以一个人享受的呢？一个人去旅行，只去自己想去的地方；一个人去吃饭，只点自己想点的菜；一个人逛街，永远不会被抱怨；一个人买东西，永远不会被阻止；一个人泡吧，永远不会被催促；一个人参加聚会，永远不会被电话查岗……你瞧瞧，一个人可以做这么多事，所以，一个人单着，也许是上帝给你安排的让你开心的机会呢，你可不要不珍惜哦。

尽情享受吧，过了30岁又怎样，单着又怎样，只要你有一个人跳舞的勇气，有把一个人的舞蹈跳得既美妙又优雅的自信，就会把你单着的日子也过得有声有色。人的一生，大约有三分之二的时间要在婚姻里度过，所以，珍惜那三分之一的单身时光吧，它可能是你一生中最珍贵的时光，没有责任，没有牵挂，没有压力，没有要求，只有你自己的愿望清单，只有快乐才配得上这样的时光。

把等待变成对自己的投资

　　黛西泪眼婆娑地坐在我面前时，刚刚结束了一场长达七年的恋情，她在网上跟我约心理咨询，要我在最快的时间里见她一面，说自己不是快要崩溃了，而是已经崩溃数日了。

　　如果不是哭得红鼻子绿眼儿的，我发现这个 27 岁的女孩长得挺秀气的，长发飘扬，温润可人。她见了我没有说话，因为邮件里把事情都说得差不多了，只是一直在哭，时间不知不觉就过了两个小时。后来我提醒她咨询费很贵的，她最好是说点什么。她摇头不语，我只好问她，他真的走了？她点头。不再回来了？再点头。你们真的在一起七年？她依然点头。

　　看着她终于有点哭累了的样子，我告诉她，回去把家里的衣橱好好收拾一下，把他的东西还有她的东西，那些几辈子不用也想不起来的东西全部打包捐给灾区或者随便什么人，留出的空间越大越好，等到收拾累了，就好好地睡一觉，就当刚刚长途旅行回来，把看过的风景全部放空，等一觉睡醒了，所有的情绪都会过去，人自身就有疗愈的功能。等这段痛过去了，有就继续，没有就把等待变成投资。

再接下来，我没有再见过黛西，只是她经常给我发发微信和邮件。她告诉我，自己报了财经大学的硕士班，开始读在职研究生，因为这曾经是她的梦想，只是和前男友在一起时，她以为有爱情就足够维持一生了。

后来，她又成为一家淑女俱乐部的会员，学习芭蕾，学穿衣打扮，学礼仪，还学习烹饪，以及如何跟男人谈笑风生。我虽然一直没有再见到她，但从她的情绪上可以感知，她是积极的、快乐的，在享受没有男朋友的人生。

硕士毕业后，黛西跳槽进入一家外资银行，不久就升职加薪，成为企业的精英层。她自己贷款买了房子，卧室刷成了薰衣草的颜色，客厅是橙子的颜色，而厨房则是浅浅的草莓色，看着她在微信朋友圈发的新家的照片，我觉得时间才是不动声色的魔术师，只用了四年的时间，就把一个为了走掉的爱情而差点被折磨死的姑娘，变成了情色俱佳的，像熟透了的桃子般有诱惑力的女人。

我在微信里和她私聊，提醒她也应该注意一下身边有没有合适的收割人了，她给我回了一个浅浅的微笑，很神秘，也很漫不经心的样子。

大概又过了一年，我不知道黛西在忙些什么，邮件很少发了，微信也只是偶尔聊，七夕节的时候，我收到了粉红的请束，是黛西要嫁人了。距离她的上一段恋情，已经过去了整整五年，这一年黛西32岁。

婚礼前夜，黛西约我喝咖啡，说不跟我聊一下，她的心里会不踏实。

我们见面，她依旧是不说话，只是不再泪眼婆娑，满目的温存，眼睛安静地看着我。我一直相信，女人心定的时候，眼睛就会很安静，看来黛西终于找到可以让她心定的人了。

我问起她那个要嫁的男人，黛西羞涩一笑："他是我读研时的同学，只不过我毕业换了工作，他又继续读博士。后来我们在导师的家宴上又碰了面，他个子不高，人也不帅，但会知道主动开车送我回家，看我进了家门他再离开。我跟他在一起没有天崩地裂的感觉，就是觉得很放松，从情绪到身体。"

我问她是在学校里时就有感觉吗？

黛西莞尔一笑："我去读书的时候正是人生最灰暗的一段，每天都在考虑还要不要起床，精神状态极差，根本就看不到别人的存在。当然，我相信那时别人也看不到我的存在，所以我们并没有给彼此留下太深的印象。"

黛西一边说着，一边轻抚自己酒红色的长发，还是那么温润的长发，但已经不再是直直的，是很好的电烫，呈现出柔软的波浪。

见我一直用探寻的眼睛看着她，黛西轻启朱唇："我这几年没跟你再见面，就是想让自己变得足够好的时候再出现。我一直在想你的那句话，把等待变成投资，所以这几年我不断地尽我的能力在投资自己，每一天我都会问自己，黛西，你有没有变得更好？

"直到那一天，已经成为博士的他向我求婚，他买了三克拉的钻戒送给我，因为他刚刚拿了几项技术专利，事业的势头很好，他说觉得只有这样他才配得上我。说实话那天当着他的面我很矜持，回到家后我哭到泪崩，前男友曾说我一文不值，我也曾经以为没有人会再喜欢我、爱我。

　　"现在我相信这一切都是我的，聪明的老公，体贴的男人，幸福的家庭，我想要的婚姻，这证明了我足够好。五年的时间虽不算长，但也已经长到让我把原来的黛西忘了的地步了，这五年我没有再去苦苦地寻找，没有在男人离开的时候再去哭着问为什么。

　　"我笃定地修炼着自己，从内到外。虽然随着我年龄一天天大起来，身边为我担心的人越来越多，包括我的父母，但我从来不解释、不辩解，我相信自己的变化终究会让这些担心化为乌有。我把自己看成了绩优股，等待的时间越长，投资的回报越丰厚。

　　"事实证明我是对的，五年后的我有更积极的人生态度，更明媚成熟的外表，生活让我变得更加练达。五年前，遇上糟糕的事儿我只会哭，现在遇上糟糕的事儿，我会笑，然后摇摇头，说上一句，'哦，这绝对不是最坏的一次。'我想，也许女人必须得到了这个年纪，才配得上那些成熟的男人，让他们敢把你捧在手心里。所以，把等待变成投资，对我来说，就是让那些会把人变得越来越陈旧的日子，变成不断流动的水，滋润生命之花，让它越开越娇艳。我未婚夫说我跟别的女人不同，有一种另类的魅力，让他在导师家里见到我时怦然心动，我想他说的是真的吧。"

　　因为见过过去的黛西，今夜的黛西的确情色潋滟，眼波流转，充满了熟女的甜度和细腻度，绝对是个能打九分的女人，但几年前的她也就勉强可以打上个五分。这五年对黛西而言就是一场蜕变，而她的经历也真的给了很多一直以为自己一文不值的女孩很好的启发：男人离开你是因为你不够强大，从外表到心灵。

你不够强大，是因为你在那个男人离开以后，一直把自己搁置在等待的河床上，你的身边满是沙砾，没有可以滋养你生命、让你更加娇艳的力量。你舍不得把等待变成对自己的投资，或者根本就不懂投资自己其实就是在把身边的沙砾变成清泉。

黛西懂了，她从伤口里站了起来，用智慧为自己投资，在等待中变得风姿摇曳，如一株屹立高处的树，有了更为开阔的视野，也吸引了更多目光的停留。

深夜 12 点，那位明天的新郎如约而至，对我礼貌地一笑，携黛西款款消失在夜色中。我相信今夜是黛西很难入眠的一夜，明天她将有一个全新的身份和角色，但我相信她是快乐的，因为有期待。

曾经我是很多女孩失去恋人或结束恋情后的倾听者，我看着她们叹息，看着她们慌乱，也看着她们荒废自己的青春。每一次我都会给她们建议，去报个班吧，学习一些你曾经最想学的东西，不管是什么，只要是自己喜欢的，别为了结果去学，享受这个过程。

我一直认为，用学习把自己暂时空闲的时间填满，是件很值得的事情，也是一种最实惠的投资。这种投资不仅可以提升自己，还可以使你拥有一个职场之外的小圈子。你的同学也许各种各样，可只要你够真诚，总会交到好朋友甚至是闺密知己的。

所以，在爱情里，你千万不要害怕等待，只是千万不要傻傻地等，痴痴地等，反正都是等，干吗不等得积极一些，精彩一些，有价值一些？

除了学习，投资自己还可以有很多的选择，只要能提升自己的竞争力，不管是一张文凭，还是一张精致的脸，都可以列入你的投资项目之内。耐心地等待吧，时间会带走你的青春容颜，却也会增添你成熟的魅力、睿智的见识，这些，正是与成功男士的联姻最为匹配的素质。

与其羡慕黛西这样幸运的女孩，不如和她一样，为自己的未来多追加一些投资，修为自己的内在，升值自己的外表，自己给自己许一个更明朗的未来。

找懂你的，还是疼你的

　　小夕是我原先报社的同事，北京女孩，我认识她时她刚刚大学毕业，23岁，正是天真烂漫的年纪。据说她原打算大学毕业就结婚的，男友是她的大学同学，可后来男友出国留学，慢慢就断了联系。那时候小夕还信心满满，前男友的负心让她更加渴望找到一个能够满足自己期待的男人，后来我离开了报社，和小夕的联系也渐渐少了。

　　但这么多年我们一直有一个雷打不动的约会时间，那就是每年春节的假期，无论再忙，我们都会约个时间喝咖啡，聊聊天，谈谈这一年里彼此的变化。这个习惯一坚持就是15年。由于保养得不错，如今年届不惑的小夕仍然青葱照人，烂漫少了，却天真依旧。

　　这些年她读研读博，跳槽到世界500强企业，年薪至少六位数，自己买了大房子，每年固定去国外度假，生活的品质跟从前比不可同日而语，可就是到哪儿都是一个人晃荡，连个固定的男朋友也没谈下一个。

　　开头那几年她对相亲还有兴趣，现在一听说这事儿就摇头，"让90后去吧，我已经退出江湖了"。这是她常说的话。可你要说她不想成个家她也不同意，我们一年见一次聊得最多的就是她的婚恋问题，看得出，她对这个事儿的态度并不像表面看上去那样洒脱，说着说着眼泪夺眶而出的时候也有。而每当悲愤难抑的时候，小夕最常说的一句话就是，为什么找个懂我的人就这么难。

这句话一说就是15年，15年呵，女人有几个15年，可小夕就这么单着过来了。刚开始因为我们是朋友，每当小夕跟我聊她的情感经历和那些夭折的恋情时，我总觉得是她遇人不淑，可聊得多了，我慢慢觉得小夕的问题也许真的不只是人家的问题，或者归结于运气不好，但跟她自己的认知也有相当大的关系。

女人的认知应该跟她的年龄成正比，正常的规律是，年岁渐长，对人生世事的认知也应该越来越丰富。为什么人们总觉得女性年岁大一些反而会获得更多的尊重，就是因为岁月给了她们一种更加成熟和包容的能力，而这种成熟包容常常就来自于她们不断提升的认知能力。

与很多的大龄单女接触多了，我发现她们的个性和成长背景虽各有不同，受教育程度也相差很大，但在婚恋的问题上，却有很多地方都惊人地相似，比如一味地期望值过高，一味地追求只可意会不可言传的所谓感觉，一味地向往那种超凡脱俗的浪漫情事，甚至一味地不客观评价自己的条件，只对对方的条件眼界甚高。比如小夕所说的只想找个懂自己的人，可说到如何才算懂她，她自己也说不出答案。

这一点在受教育程度越高的女性身上表现得越突出。很多女孩执迷于提升自己的社会竞争能力，读研读博，驰骋职场，可在她把自己打造到自认为很优秀的时候，却往往发现身边已经很难找到能和她相匹配的男性，这对仍执着于找到那个懂自己的人，无疑愈加困难。

　　我曾经问过很多女孩，什么样的男人才算是她们心目中那个懂自己的男人。她们的答案可谓五花八门：可以读懂我的眼神；永远知道我在想什么，总是明白我需要什么；可以在灵魂上跟我沟通……

　　天哪！听完她们的话，我感觉她们要找的不是男人，而是男神！据说在这个世界上，只有神才会在你不说话的时候知道你在想什么，只有神才能够看懂你的眼神，也只有神才会经常跟你在灵魂上沟通，但这也仅限于传说，因为谁也不知道神是否真的存在。

　　而且，即便神存在，还碰巧是男的，那也只有一个，没听说神还可以组团的；另外，神一般都很博爱，他可以爱上你，也一定还需要爱上别人，因为人人都希望神爱自己。这样的神，你接受得了吗？

　　那些一直在为找不到懂自己的人而蹉跎青春的女孩们，清醒过来吧，我们的世界只有男人，没有男神。或许，热恋之时，处于浓情缱绻、激情澎湃中的男人会有那么一段近乎男神——知道你在想什么，跟你高度的灵魂默契，但激情终有限，男神终归会还原成男人，携手走一生，两个人稳稳地相守靠的可不是激情而是温情。再者，平凡的生活除了爱情还有太多太多无关爱情的东西，所以，别再做男神梦了吧。

　　据我所知，男人和女人对彼此存在的看法也非常不同，男人通常会把女人当作他生活的一部分，除了热恋时可以一切为了女人活着，过了那个劲儿他最擅长的，也是最习惯的是为他的世界活着，他的世界很丰富，财富、地位、权势、身份、朋友、父母、家人，这些都会是一个男人很看重的东西，甚至有可能跟他爱的那个女人不分伯仲，这是由男人独特的社会属性和心理、生理特征决定的。

而女人一旦爱上某个男人，她的世界里可能就只剩下了这个男人，一切都可以不关注了，她的眼里只有他。这也是由女性的社会属性和心理、生理特征决定的。所以有人说，男人靠征服世界来征服女人，女人则靠征服男人来拥有世界。

正是因为女人的这个特质，造成了她们在对男人的选择上往往有更多不切实际的期望，甚至是一种过于理想化的色彩。我一直认为，女人的成熟比她的成功更重要，更能够给她的生活带来实际的帮助。最可怕的是那些年岁不小，心智不高的女孩，20 岁时她想找一个懂自己的人，30 岁她还在云里雾里地寻找那个懂自己的人，40 岁别人都已儿女绕膝，日夜承欢，她还在那儿寻觅那个能够读懂她的眼神的男人，对于这样的女孩我只想说，别再到处找了，那个最懂你的人只有你自己。

如果你是那个特别想要一份踏踏实实的感情，想要一个属于自己的家的妹子，我特别想和你分享这样的一些人生经验：两个人相爱这事儿真的跟他是否懂你无关，如果他爱你就一定会懂你。所谓懂与不懂只在一念间，如果你们想要在一起，比这重要的事还有很多，如果你们走进婚姻，你会发现一个懂你的男人远远不比一个疼你的男人更让你舒服和受用。

懂你的男人会陪你在窗边看星星，疼你的男人却会为了你喜欢的一道菜在厨房忙上三个小时；懂你的男人也许会和你聊美学，疼你的男人却会为了让你穿上私人订制的裙子日夜加班；懂你的男人会经常打电话和你调情，疼你的男人却会在睡觉时握着你的手，让你时时刻刻不离他的怀抱。有时候，一句甜蜜的诺言真的不比黑夜里的一盏灯更慰藉心灵，要生活还是要幻想，要诺言还是要光明，如果你在一把的年纪还不具备这样的选择能力，我只能叹息无语。

这个世界，多的还是平凡如你我的男人、女人，所以，思绪可以随风翱翔，行为还得脚踏实地。一直寻寻觅觅的妹子们，这么多年从没有一个男人能够进入你的内心，你是不是应该考虑调整一下自己对男人的定义了？

你忘了那句曾经非常流行的话了吗？男人来自火星，女人来自金星，既然来自完全不同的两个星球，当然不可能完全懂得彼此，而且，在我看来，正因为不完全懂得，才有神秘感和吸引力。人们都说男女之间包括夫妻之间要有一点崇拜感，情感才会更持久，而这种崇拜感的背后不正是彼此的神秘感和吸引力吗？

因此，真正成熟的女人一定不会为了男人是否懂自己而纠结，男人永远也不会懂女人，正如女人永远也不会懂男人，这是无解的哲学命题，就让它继续无解吧，世界那么大，未知何其多，何必都弄清呢。

实际上男人女人之间要说真正的懂，是始于携手走进婚姻，因为你们开始风雨同舟，开始共同面对人生，开始抚育儿女，开始相濡以沫，慢慢地，你们在彼此身上找到家的感觉，谁也离不开谁，默契也在你们心头悄然萌芽，他开始懂你的眼神，你开始理解他的目光。或许，这并不是真正的懂，而是一种更平实的了解和接纳。

真正的懂一定是从相处开始的，那些以懂得之名而永远在拒绝的妹子们，你连相处的机会也不给别人，如何能找到那个懂你的人呢？

女人不倔强，幸福从天降

阿果是外企高管，年薪六位数，面容精致、身材高挑，还下得了厨房，做得了羹汤，包子、饺子、面条分分钟端到你面前，咖啡也磨得很香。她自己买了不算大却位置很好的房子，在我认识的女孩中可谓完美无敌了，可是她30岁了，至今单着。

她的妈妈很着急，一再地催她，最后底线居然放到了"你哪怕不结婚，生个孩子也好"，可阿果说，不结婚怎么生孩子？我跟谁生去？

我一直对阿果的经历充满好奇，这么好的姑娘，怎么就把自己单到了30岁？有一天，我无意中听到她在打电话："不行，这绝对不行，我不喜欢这样，我这人就这样，不会为任何人改变，我不觉得这有什么必要，你别再打电话了，我不会给你机会的，再见！"

什么人竟让阿果如此决绝？她说是前男友，他们曾经同居了两年，双方都见了家长，可是最后却分了。现在分了一年多了，前男友一直想找机会和她复合，可阿果没兴趣，因为她觉得离开了的人再回到她的世界里是一件很耻辱的事情。

据阿果分享，她这种风格的分手至今大概有五次了，也就是说，她这些年来也一直没闲着，不是在分手，就是在为分手做准备。有一段时间她的电话账单飙升，几乎都是前男友打来要求复合的电话，到了最后阿果已经到了听到电话震动就想要摔电话的地步，刚开始她还客气，后来一律官方口气，不可能，不行，没机会了。

我问她，难道五任前男友就没有一位让她觉得分手是挺遗憾的吗？听到我这么问，正在磨咖啡的阿果停了一下，脸上是茫然的表情，有吗？没有吧？我没想过。

我明白了，看上去如此完美的阿果实际上也是一个在感情的问题上有些低反应能力的女孩，她的屡战屡败，正是根源于她从来不会在实战中总结经验教训，所以，才会把自己单到了现在。

我开始动员她把过去的经历跟我分享一下，想要帮助她找到总是谈不成正果的死穴。

阿果大笑过后开始跟我讲和第一任男友分手的原因，她说理由很简单，第一任男友觉得她太强大，这让男友很失落，以至于要求她，你在外面是什么我不管，回到家里来，你得会示弱，让我有尊严，给我面子，哪怕假装让我强大一点。这个要求让阿果难以适应，两个人别扭了很长时间，最后，是阿果提出，抱歉，我成不了你喜欢的那种女人，再见吧。

第二任男友原来是阿果的合作伙伴，两个人在一起做项目超过了五年，互相比较了解，最后走到了一起。刚开始还好，两个人也认定对方都是适合结婚的对象。可是有这种打算不久，阿果发现，对方对她的要求开始与原来不一样了，原来她在职场上冲锋陷阵，攻城夺地，对方很欣赏她，这也是让阿果觉得跟他在一起很和谐的地方，可两个人关系挑明以后，对方谈了他对阿果的期望，他认为女人还是应该以家庭为重，以支持男人为主，相比职场，家庭才是女人主的战场。

男友的转变让阿果很失望，因为他曾经是那么的仰望她、欣赏她，她以为他们会在职场一直并肩作战，没想到对方竟然向她强调以家庭为最终战场，这严重伤害了她的尊严，她拒绝由别人来定位自己，也做不到结婚以后回归家庭，于是，又和自私的第二任男友说了再见！

第三位男友是阿果的高中同学，两个人在同学聚会时偶遇，一听都单着，男孩情不自禁地说那我追你吧。因为本来大家是同学就有感情，阿果也想试一试和熟人谈个恋爱到底行不行，于是两个人走到了一起。两个人感情很好，但相处得很糟，高中同学有一点占有欲，看到阿果跟异性在一起就不放心，尤其是阿果在外面应酬的时候，一个电话接一个电话，然后问东问西，让阿果很不爽，坚持了一年，两个人含泪分手，答应爱人做不成还是好同窗。

第四位男友为什么分的阿果已经记不太清了，她只记得那个男孩很计较。男孩很愿意付出，为阿果做了不少事儿，也让她很感动，可男孩却总是把他的付出挂在嘴边，一有什么不如意的时候就开始翻旧账，让阿果回忆他曾经对她多么好，付出了那么多，这让阿果的心理负担一天天加重，要强的阿果不想欠任何人的情，不想自己将来的生活被对方的付出给绑架，于是，又一次再见！

刚分手的第五任男友是一位法国回来的海归，浪漫、体贴，有一份很好的事业，两个人结婚戒指都买好了，可是最后还是分了，原因很简单，海归希望阿果可以换一份工作，别整天为了一个项目山南海北地跑，半个月不着家。海归的意思是，我挣的钱足够养家了，你就别那么辛苦了。

阿果的理解是，他根本就看不上我挣的那点钱，我的事业也是打拼多年得来的，我做到今天的职位也不容易，为什么你说让我放弃我就得配合？你是觉得我没啥能力吗？要强的阿果忍受不了这种潜意识的轻视，就这样，在30岁生日的那年，阿果的第五段恋情又宣告终结。

就在阿果的回忆告一段落的时候，刘若英的经典歌曲《后来》适时响起，为阿果似乎迷途难返的感情历程增加了不少怅然。海归的电话一遍遍打来要求复合，但阿果一再婉拒，告诉对方他们不合适，让对方另找他人。

听完阿果的分享，我问阿果，你有没有觉得自己有些倔强啊？你不觉得正是这倔强让你的多份恋情总以失败告终吗？

看得出，我的追问让阿果有一些发怔。她犹豫了一会说，是呀，我是有些倔，我妈也说我死倔，可我一直这样啊，我也没觉得有什么不好啊？我从一个普通职员干到今天的位置，就是靠我的倔强啊，难道这样的个性不好吗？我觉得女孩子倔强一点比随波逐流要好，我喜欢我的个性，男人不喜欢就让他们离我远点，我无所谓。

"可是你为什么还这么想要一个婚姻呢？你谈了这么多恋爱难道只是为前男友的个数谈的？你还那么想要一个孩子，可是男人都离你远远的，你和自己生孩子行吗？"我继续追问阿果。

"要我看，你的这些前男友哪一个都不差，问题是出在了你身上，因为你的倔强，你的不妥协，你的不让步，甚至你的不肯为婚姻做一些起码的改变，你失去了这一次次也许还不错的机会，把一个个男人都关在了你这个要命的个性门外。

"当然，对于你的事业来说，倔强是好事儿，因为它会让你面对挫折无所畏惧，会让你成功。可是婚姻不同于事业，它是一个以柔克刚的过程，两个人在一起如果都不肯改变，那就只能等着分，所以你看，谈了五次恋爱，你不是在分手，就是走在分手的路上。我建议，你如果真的觉得自己挺好，不想为哪个人改变个性，那就别找了，一个人过也挺好，想热闹了自己跟自己较较劲，想找人陪了，找个咖啡馆坐坐，身边的人都在陪你，还不用你买单。你就一直这么倔强下去，一直这么单下去，所有的人都认为你很优秀，你想要的自由、年薪、职位，都会对你不离不弃，无非就是曲终人散人家都回温暖的家，你回自己清冷的窝而已，其实，这样的日子习惯了也不错。"

那天直到我告别阿果离开她的家，这个一直觉得自己完美无瑕的姑娘也没说话，但看得出来她的眉眼里似乎已经若有所悟。2014 年的圣诞节，我在澳洲度假，接到了她微信传来的婚礼照片，漂亮的新娘，帅气的新郎，欢庆的婚礼，一切都是那么完美。问起何时谈心，她告诉我，新郎就是那位第五任，虽然还是觉得有些伤自尊，可是海归一直很执着，所以，她就从了。

看着婚礼上阿果幸福羞涩的笑容，再回想阿果的经历，我想起了很多在我这里进行两性关系辅导的女孩，不管是正处在择偶阶段的还是已进入婚姻的，在我看来，倔强的个性、不肯让步的性格已经成为这些什么都不缺的女孩获得幸福的障碍。很多女孩在跟我的交流中都表示，不想改变，不想服输，哪怕是各走各路、各找各妈也决不妥协。

这样的结局就是太多的两性关系出现了遗憾，太多的小家庭濒临解体，而这也恐怕是目前有太多看上去完美的女孩，却只能让自己的青春单飞的背后最根本的原因。我一直认为，现在的女孩受教育程度高，职场生涯也不输于男孩，坚持个性张扬本不是坏事儿，可如果当这种个性阻碍了她们的情感，甚至让她们无法容忍另一个人的时候，还坚持倔强，那属于她们的只能是失去再失去，然后，让人心灰意懒，以为自己根本就不适合哪一个男人，从而放弃对幸福的寻找。

对这样的女孩，我只能说，生活是最好的老师，只有很多年以后，她回首往事时蓦然发现，倔强已经让她失去了太多的时候，她可能才会觉醒，当然也有的人可能一辈子都不会觉醒。阿果觉醒了，她现在已成为甜蜜的新娘，那么，倔强的你呢？记住这句话吧：女人不倔强，幸福从天降！

Part 2

放下更高的期望，
你会得到更多

世界这么乱，分裂给谁看

　　好久没有听到她的消息了，虽然大家就在同一座城市里，她原来是我的学员，那时她二十五、六岁的年纪，积极向上，一心想要提升自己。她受过很好的教育，又很有追求，我们一度很谈得来，相处得像朋友一样。

　　可是不久前一个当年的学员来拜访我，带来了她的故事，让我有些惊讶。当年那个洁身自好、自尊心强的女孩，怎么会选择了这样的私生活。

　　我知道她这些年一直情路坎坷，也可能是因为对男人的要求比较高，所以她蹉跎了十几年岁月也没拥有一段可以修成正果的感情，也许这是她从此放弃的内在原因，我到现在也不得而知。

　　我听这个学员说，她先是跟一个30岁左右的男人同居，期间她在出差的时候结识了一个90后男孩，又展开了一段姐弟恋，是不问结果只谈性的那种恋爱。很多朋友都劝她别太投入，但是她依然我行我素，跟那个男孩谈得轰轰烈烈，直到男孩的父母从外地赶来，到单位把她臭骂了一顿。这件事惊动了她的上司，最后她不得不以离职告终。

可就这样她也没放弃与男孩的交往，两个人一直保持着很亲密的关系。没想到，跳槽到新的单位后，她竟然又与自己的老板搞在了一起。老板是一位美籍华人，老婆和孩子都在国外，自己独身一人在国内创业。老板不到五十多，她也 30 岁出头，熟男熟女不需要太多铺垫就滚在了一起。

这时候跟她同居的那个男人不干了，权衡过后，她决定与那个根本不打算和自己结婚的男人分手，选择了和老板混在一起，但是也没放弃90 后小鲜肉。后来，老板的妻子从美国回来，在老板的房间里发现了她的东西，老板的妻子二话没说就从单位里把她拉了出来，对她极尽羞辱，没办法在单位待下去的她又辞职了。

新的工作还是那位老板给她安排的，看得出来，这位老板对她还是有情有义的。可老板的老婆已放话，坚决不会给她腾位置，据说她也当场表示，绝无转正之意，因为除了钱，她觉得这位老板并不是她中意的那款。

老板对她很大方，帮她买了房子，买了车，为她花了不少钱，并且对她很长情。听说她对老板最开始也就是一种利用的心态，后来老板太太的出现，让她陡生了要争个你死我活的想法，开始和老板越走越近。过年的时候，她居然和老板回了他在东北的老家，那时老板并没有离婚，估计他那在国外的太太也还挺让老板的父母满意，因此她背着小三的标签进门，不仅得到了老板父母的冷眼，老板的兄妹对她也特别的不礼貌。

　　年夜饭不欢而散。回到老板的父母家里，老人明确表态，不欢迎她住在家里，不知道该如何接待她，请她自便。就这样，她在大年夜的晚上被老板的家人驱赶出家门，据说她在寒冷的大街上踌躇了很久，才找到一家还在营业的小旅馆住下。

　　就这样她也没有放弃，并且还为自己的勇敢而感到自豪，觉得这是一种真正的爱情。老板的太太听说了这一切以后，也没有轻易就放手，回国就直奔她的单位着实羞辱她一番，为此她只好又换了几家公司，可老板的太太每次都可以很容易地找到她的单位，继续将她羞辱一番。

　　她和老板的关系就这样艰难地维系了四年多，老板太太终于气馁了，拿到不少补偿后放手了。当然不是所有的小三都会有这种结果，显然她比较幸运，而且据说老板也向她求婚了，可是，谁也没想到的是，她冷淡地拒绝了老板，理由是老板的两个孩子她不喜欢，但是老板跟老婆离婚的唯一要求就是要她把孩子给他留下。

　　如果这就是故事的全部也并不稀奇，关键是她在朋友圈微信里的表现完全跟故事里的这个女孩判若两人。因为我们虽然很少联系，但在朋友圈里几乎是天天可以关注得到，朋友圈里的她是那么健康，那么阳光，那么励志，是一个一直在默默等待最好的那个他出现的纯洁的女孩的形象，童趣、可爱，也让人为她的寂寞暗生同情。而她微信语言中隐隐传达的寂寞是一种美，孤单是一种品位，更让我对她心生怜悯。她在朋友圈里发得最多的画面就是蓝色的大海，粉色的玫瑰，静静的小女孩，萌萌的小狗狗。

　　看到她发的微信朋友圈，我不是积极点赞就是鼓励她别放弃，很希望她能够从这种略显孤独的处境里走出来。没想到，现实永远比剧本更精彩，朋友圈里的那个她早已经跟真实的她没太大关系了。

　　我总在想，这个姑娘活得多分裂呵，否则她怎么可能一边扮清纯一边做小三，一边跟老男人在一起享受各种物质一边和90后小鲜肉情人男欢女爱，这是一个正常的姑娘能干出来的事儿吗？

　　回想我们曾经像朋友一样相处过，我不禁觉得有些受伤。虽然生活是她自己的，可我曾经看到过她的积极努力，看到过她的美好，现实却一下子变得这样匪夷所思，让人难以理解，到底是什么样的挫折让她变得如此分裂，如此没有节操，如此饥不择食。

　　我一直觉得，女孩子可以不漂亮，可以不富有，可以没本事，但不可以没节操、没底线、不真实。你一边把自己的私人生活搞得丰富而又眼花缭乱，一边又在众人面前表现你对孤单与寂寞人生的坚持与高冷，我觉得有可能时间一长，连你自己也搞不清哪个是真的你哪个是虚的你，每天不管做什么都还要深吸一口气，定下心来好好想想今天是唱哪段儿，扮演哪个角色，这事儿想想就够累的，能不这样么姑娘，真的要给你跪了。

　　因为这个姑娘我现在对朋友圈里的很多事儿都不那么走心了，怕伤感情，你觉得她清纯如水，她却给你整出比电视剧还狗血的迷情故事来，这样的女孩我觉得很替她惋惜，也许她真的在这样的经历中得到了她想要的，可那种让人尊重让人觉得不可侵犯的感觉不复存在，我一直觉得女孩子在这个世界上，不管到了什么地步，都不要一边在朋友圈里扮演寂寞高贵冷，一边却把自己的私生活过成物欲勃发无下限，把生活生生过成了跌宕起伏的电影，久而久之，还知道自己是谁吗？

患有如此分裂症的女孩们，摘下你的假面吧，坚守自己干净的内心，堂而皇之地做人，光明正大地做事，你再卑微也是令人仰视的。

别做虚张声势的小丑

自从有了微信朋友圈，每天早晨一打开手机，我就会被各种励志加油的口号刷机，只见这个说，今天又是新的一天，×× 你要加油哦！那个说，××，加油，你是最棒的！一般来说，这是早晨出门前的朋友圈。

到了晚上，或者是周末，依然是这些小伙伴在励志，只是这时的口号变得婉约，这个说，我享受孤独，孤独是一种美！那个说，孤单真好，我享受这种孤单！刚开始我还点赞，觉得这些小伙伴的心态真好，可时间一长我观察出规律来了，在朋友圈里发这样励志语言的大多是一些大龄单女，她们当中最大的大概 40 出头，最小的也 30 挂点零儿，虽然年龄参差不齐，可有几个大龄单女的条件却惊人的相似。

比如说都挺漂亮，都挺能挣钱，都是公司白领，有的还是高管，硕士学历占一大半以上，最差也是 211 本科，经济上都属于自己挣自己花的那种，生活上也都属于自理型，看上去都是一些不错的姑娘，可就是有一点，没有男朋友，没有未婚夫，连靠谱点的备胎也没有。

没错，这是一群相当独立的女性，在各自的职业领域游刃有余，呼风唤雨，她们有的是我的心理辅导班的学员，有的是我的读者和粉丝，有的是我的朋友，正因为了解她们的生活和经历，我才觉得她们每天都用这种方式为自己加油显得有些虚张声势。说到底，心态积极健康，真的很享受自己生活的人会这样吗？我看未必。

一次朋友聚会，在座的大多是一些男士，我就把这个问题抛了出来，我问他们，天天在朋友圈给自己加油励志大龄美丽单女们是一种怎样的心理状态。有一位男士说，她们是不是很空虚啊，内心真正自信充实的人不会这样的。还有一位男士说，她们是不是在用这种方式表达寂寞啊，如果真的很享受孤独，为什么要不停地发朋友圈儿呢。

还有一位男士比较了解我的朋友圈，他说你的朋友圈里不是还有很多单亲妈妈吗，她们也是单女啊，她们也这样做吗？说真的，这位朋友的提醒还真让我发现了不同。我的朋友圈里的确有不少单亲妈妈，可我想了一下，的确从来没见她们发过什么天天励志加油的朋友圈，相反，她们大多很淡定，很从容，情绪表现得很正常。

男士们说，奇怪了，同样都是单女，为什么单亲妈妈们就没这毛病？我说，大概因为她们是妈妈吧，女人做了妈妈一般就会坚强起来，不需要天天加油，她也会每天斗志昂扬地走出家门去打拼，因为她的孩子需要她。

聊到这儿，我突然明白了一件事，那些看上去如此坚强独立的大龄单女们，内心其实并不像她们自己表现的那样强大、无畏，实际上她们很脆弱，很无助，甚至很无奈。正是这种内心的脆弱和不自信让她们无法保持平静而淡定的内心，才需要用虚幻的文字给大家一个享受孤独的假象。

这其实也正是现在很多这个年龄段姑娘的一种普遍的心理特征，在外人面前她们表现得无比强大，无比自信，依靠这种咄咄逼人的凌厉作风，她们在职场上风光无限，丝毫不输男性。可是她们往往把这种状态也带进了自己的生活中，尤其是在与男人的相处上，让很多男人因为受不了她们的强大而选择离开。可是她们真的强大吗？真正强大的人需要天天给自己打气加油，要喊几句口号才能走出家门吗？

所以，我觉得姑娘们真的别再伪装自己了，弱一点没什么，只要真实就好。冬天冷了需要温暖，夏天热了需要清凉，人孤独了需要陪伴，这证明你是一个健康的人，从身体到心理。何必非得在朋友圈告诉大家，你很享受孤独的感觉，百毒不侵冷暖无畏的，知道吗？在自然界只有猛兽才喜欢享受孤独。

孤单当然也是一种美，就是一个人，一盏灯，一杯茶，独自咀嚼孤独而有享受之欢，无需光注，拒绝打扰。所以，真正享受孤单之美的人是不会也不屑在朋友圈里抒发的。

人不仅怕不正视自己内心的需求，更怕隐藏内心的真正需求。我觉得那些老在微信朋友圈里说自己如何喜欢孤单的大龄姑娘，个个都怕极了孤单，所谓享受孤单，不过是她们给自己设定的一个门槛儿。感情屡屡受挫，青春在岁月中流逝，带走了她们的自信和勇气，使得她们懒得跟男人再战，懒得走出家门赴约，懒得去猎取下一个约会的对象，甚至懒得跟别人讨论这件事。

于是，"享受孤独"渐渐成为一种精神暗示，麻醉了她们的心理，又麻醉了她们的行为，让她们宁愿宅在家里追剧也不愿意再尝试接触男人，假期里宁愿独走天涯也不愿意与人同行。这样的生活持续一段时间就成了习惯，很难改变。

我一直鼓励我身边的大龄单女要尝试打破这种心理惯性，长期的单身生活会使人养成凡事往内看的心理模式，每天沉迷于自己的小情小调里自我陶醉，格局越来越小，心里越来越容不下他人。而当你的内心只剩下了自己的时候，孤独只是看上去很美，实则让人倍受煎熬。

孤单的美来自于因为有人在等待，有人享受孤独是因为他平时太少领略孤独。年轻的女孩们，别让孤单成为你大好年华的标签，每天尽量少一点儿在朋友圈里虚张声势，从你的椅子边站起来，走出门去，把那所谓的孤单关在门内，走向门外火热的生活吧，只有行动才能为你带来爱情，故作清高的朋友圈状态只会让你孤独终老。

有一天，当你成为一个妻子，成为一个妈妈的时候，你就会发现，最励志的是生活而不是口号。

爱情，需要你尽快上路

　　有一段时间，要面包还是要爱情的大讨论在网络上特别热闹，我的一众大龄单女闺密们也在微信朋友圈里热烈地探讨这个问题。看着她们的你来我往我实在没忍住，冒出来一句："不管要什么，你总要有强烈的超乎常人的欲望，才能够得到！"

　　我知道我的这句话让她们当中的某些人感觉到不爽了，因为她们很快偃旗息鼓各自散去。我已经习惯了她们这样的风格，说的特热闹，一落实到行动上就各种为难和谨慎。我想这也是年龄带给她们的副产品吧，从年龄上讲，她们的确过了行动力的黄金时代。

　　对于这样的大龄女孩来讲，这些年为自己挣面包，她们已不在话下，从女飞人到女强人，从白骨精到女汉子，30 岁以前的她们都在为面包努力打拼，并且小有成就。

　　可是谈到爱情，她们当中的不少人就会面露难色，"哎呀，不是不找啊，是找不到啊"。这是她们比较官方的口径。可是，在跟她们相处这么多年的经验中我发现，凡是过了 30 岁在爱情方面少有斩获的女孩，都有一个共同的特点，那就是在寻找爱情上的欲望和动机不强，甚至想法也很消极。

她们当中的确有那种为了事业而忽略谈恋爱的姑娘，有因为自身条件较好、要求比较高的姑娘，也有因为谈了一段漫长的恋爱最后曲终人散被耽误的姑娘。所以，凡是没有在正常的时间节点上踩到那个大家约定俗成节奏的女孩，会有两个不可避免，一个是一拖再拖不可避免，一个是越拖越懒不可避免，我说的懒是心懒，情懒。

心懒让她们在找一个伴侣这件事儿上缺少强烈的企图心，而任何一个愿景的达成其实都来自不可遏制的企图心，你特别想要得到什么，你才会为此去积极地努力。心里缺少动机，大脑没有想法，就算机会到了你眼前也抓不住。

情懒更要命，长期的感情空白，让她们变得很麻木，她们学会了让自己变得不那么敏感，因为太敏感的人多半很脆弱，而当身边没有人呵护她们的时候，脆弱无异于自找麻烦。因此，很多大龄妹子总给人一种坚强无所谓的感觉，不管是真的假的，反正她们就是这么过来的。

感情的事儿就是这样，你总是暗示自己不需要，慢慢地你就会觉得自己真的不需要了。我认识的很多过了30岁的妹子，都在这个年纪更喜欢和自己独处，喜欢安静地一个人安排所有的事儿，一个人去旅行，一个人去看病，一个人扛所有的事儿。

还是那句话，一辈子不长，干吗要自己扛，婚姻虽说是爱情的坟墓，可有个坟墓是不是至少让我们在老去的时候，不至于无处安身。

我一直认为，女人如果光拥有面包，会变得没法看，因为那是碳水化合物，只会让你的体重不断地飙升。而爱情则是五彩缤纷的蔬菜水果，既味道甜美又赏心悦目，不仅会让你越来越健康，还会让你越来越漂亮，越来越年轻，提升你的幸福指数。

当然，爱情也有让人糟心的时候，你何不当吃了几个烂水果，吐掉它们重新再来。苦涩的滋味会让真正的甜变得更甜，要相信，这世界上所有的苦都不是白受的，你也一样。

在这个春天，我还是不断地听到好消息，朋友圈里陆续有几位过了30岁的单女闺密找到了她们的爱情。再见到她们，感觉完全不一样了，一种温润的美由内而外散发出来，相比以前的女汉子气质更让人舒服了。让人不由得感叹，还是男人才会让女人变成女人，所以，想要浓浓的女人味儿，就赶快去谈谈恋爱吧。

实际上这几位闺密找到爱情的历程跟我的理论有很密切的相关性，那就是她们的动机很强烈，欲望很明显。她们迫切地想要找到一个伴侣，就像她们迫切地想要拿下一个大客户。我一直说，一个人不管做什么事都得有不可遏制的动机，坚持"我想要"的法则，才更有可能成功。

这个世界就是一个巨大的磁场，根据著名的吸引力法则，你努力地想要得到什么，就会吸引什么到你的身边来。你努力地想要成功，成功的人生就会到来；你努力地想要一份爱情，爱情就会从天而降；你努力地想要找到一个可以与你牵手一生的男人，那个男人一定会在不远处等着你。

想要收获爱情，那就尽快上路吧，别再犹豫耽误时间，找准正确的方向，坚持走下去，你一定会与他有一个荡气回肠的重逢，因为，那个男人也在这条路上走了好久了，你需要给自己一个和他正面相遇的机会。

宠坏了自己就要一个人舔伤口

美朵是我认识的一个电台女主播，她的声音清新唯美，主持风格活泼自然，拥有不少的粉丝。有一段时间因为一个项目合作我们经常在一起聊天，我渐渐了解到，她 31 岁，住在自己租的公寓里，每天除了上节目基本都是宅在家里追剧，单身生活无聊而单调。

有一天她突然深夜给我打电话，要跟我聊聊，说是最近发生了很多事让她有点招架不了。先是她的初恋男友给她发来儿子百日宴的请柬，让她唏嘘不已，这两天又收到了最后一任男友的结婚请柬，实际上这位男友跟她分手也正好是一百天，而在之前他们谈了三年。

我问她为什么谈了这么久还是分了手，美朵有些哽咽："我觉得他不懂我，每一次吵架，我都让他滚，其实我是希望他过来哄我，可是他一过来我就往外推他，我就是控制不住自己，等他真的走了，我又会很失望。"

"你们经常这样闹吗？"我问美朵。

"虽然不是经常，但每次都会折腾很长时间。他来找我，都到楼下了，可是我就是跟他说，你走吧，我累了要休息。其实他要是冲上来，抱着我跟我说对不起，我肯定会原谅他的，可是他没有。很多时候，他在楼下待一会就走了，我问他为什么走了，他说，你不是说不让我上去吗？

"这样的事情经常发生，我们俩都有些烦了。其实我们在一起三年一直感情很好，我很爱他，可是我不想让他小看我，我一直在他面前表现得很骄傲，想让他重视我的存在，让他一直关注我，可是我觉得这样的方法好失败。他离开我的时候，也说我太作了，否则他不会舍得我。"

那他离开的时候，你还爱着他吗？或者说你是不是并不想要跟他分开？

"是啊，我真的没想要跟他分，可他提出来了我很赌气地就答应了。虽然他后来又来找我复合，我都给拒绝了，我不是不想跟他复合，我只是想让他看到我的姿态，我可不是那种离了男人活不了的女孩子。不过我没想到他找了我几次都碰壁后就再也没出现了，后来，就收到了他的结婚请柬。"

其实，美朵的故事并不新鲜，我们的身边有太多像美朵这样勇敢得过了头的女孩，也有太多像她的前男友那样不善解人意的男人，他们一再地在各自的想法里会错意表错情，因此，阴差阳错也许就此错过了生命中那个最爱的人。

把男人扫地出门，男人要求复合的请求甚至哀求，很难说这样的行为算勇敢还是傻，这样的女孩用心口不一的行动把自己可能该得的幸福给挡在了外面，还有认为这样做很有勇气，多年以后，回想曾近在咫尺又被自己一把推离的爱情，不知她们心中是否会有一丝遗憾？

女孩子生来是应该被人宠的，男人也不是不会宠女孩，他只是看不透你的心口不一，只好选择以静制动，或者以退为进，再遇上那样太能作的女孩，纵然他们有满腔柔情也经不住再三的蹂躏，所以只能无奈退场。

爱情之所以美好，让每个人都心向往之，是因为爱情是两个美好的人在一起创造的，女孩们，你之所以总是驾驭不了这种美好的感情，不妨扪心自问，你的那些小性格、小撒泼的丑陋行径如何能开启爱情的美好呢？

对于女孩子来说，真正的勇敢一定不在于你跟男人的较量上，爱情中的两人不应该是对手，如果真的要做一个勇敢的女孩，那就大胆地说出你的想法吧，请不要让你爱的男人总在 yes 还是 no 的迷宫里选择，对于你的想法，他们更擅长执行而不是判断。

有多少爱情因为判断失误而走向分崩离析，有多少遗憾来自彼此间南辕北辙的猜测，为什么要这样相互折磨？如果你爱他，请你直接告诉他；如果你不喜欢他的某一个决定，也请当面告诉他，传统的教育总是让女孩子不要正面表达自己的需求，这是错误的、害人的。既然你是新时代的女孩，就不要再让自己犯这样愚蠢的错误。

有的人一旦错过就是一生，有的爱一旦失去就很难回头，有时候太勇敢是因为不珍惜，伤口恢复很快是因为太年轻，可是，没有人会永远得到，正像没有人会永远年轻，有很多遗憾可以用年轻来弥补，可当你已经不年轻时，总有些伤口难以愈合，你只能一个人舔舐，那一刻，你的泪为谁而流？

有时候，太勇敢的女孩只能自己宠自己。

有趣的姑娘，才会成为女主角

常常听一些男士谈起现在的姑娘，普遍的反映是有看头没嚼头，也就是说看上去还不错，但深入交往就会发现姑娘的内心世界太简朴，既没啥想法也没啥知识储备，最多的也就是知道一些明星的八卦隐私，稍有品位的姑娘会对奢侈品如数家珍，你再跟她谈别的她就开始有些不耐烦了，这样的姑娘最容易让有点要求的男人有鸡肋的感觉，食之无味弃之可惜。

我在很多场合也碰到过不少这样的女孩，长相养眼，打扮入时，只是沉默得让人生疑，不管大家的交流多么热烈，她永远不开口说话。有的不参与讨论，但至少微笑面对，但更多的女孩会在这样的场合既不表达自己，居然连微笑也没有，就那么面无表情地看着大家，仿佛她来参加这个聚会，只是为了展示她的裙子。

每次见到这样的姑娘我都会替她们着急，一个在任何场合都不表达自己意见的人怎么可能会引起他人的重视，更何况是一个有期待的准备择偶的姑娘。

我问过一些女孩，为什么她们很少在这样的场合表达自己，有的女孩说不好意思怕说得不好，有的女孩说觉得没什么好说的，也有的女孩干脆说别人说的她根本就听不懂，所以，没办法插进话去。

我分析了一下姑娘们在这样的场合表现欠佳的原因，看来主要还是欠缺自信。我一直认为，姑娘们把自信心的建立完全定位在外型上是不够理性的，因为，第一，外型的不完美是可以通过后天的补救得到改善的，第二，不管你的外型差在那儿，遇上那个喜欢你的人就不是问题，因为他可能独爱你这一款。

一个不管在什么场合都选择沉默，很少表达自己的姑娘，别人如何了解你的观点、立场，甚至表达风格呢？这样的你跟大街上擦肩而过的路人又有何区别呢？既然如此，你就别指望有男人会迅速喜欢上你了。

这也是很多姑娘参加了很多次聚会却始终无法收获爱情的原因之一，沉默的姑娘永远成不了聚会的女主角，因为她们不仅不会制造话题，对别人抛出的话题也反应迟钝甚至冷淡，没兴趣参加大家的交谈，这使得她们只喜欢坐在角落里，而角落是属于旁观者的，因此，她们虽然积极参与了，但她们的使命始终是围观，而不是做主角，这当然无法吸引爱慕者注视的目光。

怎样才能让自己成为聚会的焦点，成为当仁不让的女主角呢？别跟我说你不喜欢做女主角，女人天生是爱炫耀的动物，每一个女人都具备做女主角的潜质，只是有的女人不自知罢了。

想做女主角，先试着做一个有趣的姑娘吧。美国的心理学家已经做过这样的实验，把一堆漂亮的姑娘和一个会说笑话，总有办法会让大家很开心的女孩放在一个聚会上，然后观察男人们的选择。心理学家发现刚开始男人们的确会被漂亮的女孩所吸引，但过了一会后，男人们会慢慢走开，更喜欢和那位有趣的姑娘待在一起，而且，没有人会看手表，如果不是有人提示他们时间到了需要离开，竟然没有男人会主动离开那个很善谈的有意思的姑娘。

这个实验告诉我们这样一个真相，男人喜欢漂亮的姑娘来满足他们的视觉，但如果让他们选择相处和交流的对象，他们更喜欢善于表达和有意思的女孩，后者让他们感觉更舒服，更有深度交往的欲望。

所以，如果你是一个漂亮的女孩，又很有趣，你完全不用为找不到一个优秀的男人而发愁。如果你不够漂亮，那么你就更需要有情趣，有幽默感，善于表达，见多识广，这些特质完全可以成为你的第二张脸，吸引到懂得你的价值的男人，因为有趣的姑娘也会把她的婚姻生活安排得很有趣。

怎样才能成为一个有趣的姑娘呢？其实开朗的性格、活泼的笑容只是硬件，真正成为一个有趣的姑娘还需要底气的支撑。底气来源于什么？当然是你的学识和社会常识的储备了。

我曾经在另一本书《为人妻不简单》中写过女人的才情，想要成为一个有趣的女孩，最重要的就是修炼你的才情，让你的才华和情趣很好地结合起来。

我从来没有怀疑过现在的女孩们的各种才华，她们普遍的受教育程度很高，家庭对她们的培养也是全方位的，但关键是还得把这种才华转换成一种情趣，一种让生活更有品位和品质的能力，一种在与人的交往中更高的掌控能力，这样的女孩自然才情兼备、自带主角光环。

一个有情趣的女孩喜欢把她在生活中的体验变成一种乐趣与大家分享，而且，因为喜欢分享她才有强烈的表达自己的欲望。你再观察一下那些在任何聚会上都没有存在感的姑娘，她们往往在生活中也是比较麻木的，既缺少活色生香的欲望，也没有非要不可的愿望。这样的姑娘，连自己一个人的生活都是在应付，怎么可能把两个人的家庭经营得很美好？

深入探究女孩们缺乏情趣的原因，一个是有些女孩太骄傲，在很多场合她们矜持沉默，是因为有些不屑，尤其是有些大龄的女孩，明明她们心里很着急，但表面上宁可表现得拒人千里之外，也不愿意让人感觉她是可亲近的，殊不知，没有温度的女孩是很难受欢迎的。

另一个原因是有些女孩太"空"，脑子里没东西，心里没东西，眼里没东西，就像白开水一样没味道没颜色，很难激起男人的征服欲。

"空"从何来，观察一下这些女孩的业余时间都在干什么就明白了，地铁上她在看肥皂剧，回到家里她在看搞笑视频，周末她在逛街，晚上她在跟所有的人聊微信，她从不学习，从不看书，从不看新闻节目，从不关心时政，从不关心财经，所有男人关心的事她都没兴趣。想要成为男人关注的焦点，不了解男人的兴趣所在，交流从何谈起呢？两人聊八卦吗？

女人偶尔八卦一下无妨，但天天八卦就有点恶俗了，千万不要。有趣的女孩可不是只会八卦的女孩，想成为聚会的女主角，让大家的话题跟着你跑，还是谈谈那些大家会感兴趣的事儿吧，比如说旅行，比如说你最近新看的一本书，比如说财经时政要闻，这样的女孩才会给人品位很高的感觉，才会在很短的时间里就给别人留下深刻的印象，令人刮目相看。

在一场聚会上，沉默不是金，只是你掩饰自己的"空"的借口，记住吧，幸福不是毛毛雨，不会自己从天上掉下来。要想成为一个有趣的姑娘，没有别的捷径，多看看书，多走走路，勇敢在人多的场合表达你自己就成了。

放下更高期望，你会得到更多

　　常常在两性关系辅导时听到妹子们抱怨，她们的男人不是懒惰就是自私，不是小心眼儿就是爱吃醋，不是不上进就是爱睡觉，好不容易有个没有啥硬伤的还全身都是小毛病，不爱刷牙洗脚，衣服乱扔，袜子乱放，让人很烦。每当遇上这样的怨妇型的妹子，我就会劝她，既然他这么不堪、惹人厌、不讨喜，还是让他自生自灭吧，从哪儿来的回哪儿去就好了。

　　我发现每当我这样说时，这些爱抱怨的妹子就会停下来，眨眨眼睛，不再吭气儿。有时候，我也会逗她们，你觉得你男朋友很不完美，或者那个男人毛病很多，那你觉得你自己完美吗？你认为自己是一个没什么毛病的女人吗？

　　听了我的质疑，那些投诉起男人的毛病来头头是道的妹子顿时泄气，嗫嗫地顾左右而言他。与这样的妹子打交道多了，我觉得有必要跟她们讨论一下这个问题：世界上有完美的男人吗？上哪里去找一个完美的男人？

　　妹子们为什么这么渴望找到一个完美的男人呢？最主要的期望是想

通过拥有那个男人而拥有整个世界吧。男人能干有钱，女人不用付出太多努力便衣食无忧；男人擅理家务，女人生活轻松不操心；男人懂得教育会带娃，女人做了妈妈也有自己的生活。

除此之外，她还希望他的颜值高，让她在朋友面前有面儿；她还希望他很大方，只要她看上了的东西不管多贵他都会买给她；她希望他经常送给她礼物，从凉鞋到耳钉，而且品位不凡；她希望他经常带她出去旅行，不管去哪儿他都堪比导游，让旅途充满快乐。她还希望他在她和他妈之间选择她，不管什么时候都站在她这一边；她还希望他专一长情，一辈子只对她一个人好，看到别的漂亮女人都只当是眼瞎……

在两性关系辅导课上我经常问妹子们，这样完美的男人生活中存在吗？居然有一半以上的妹子们选择 yes，他们认为这样的男人是存在的，只是需要运气和时间去碰。望着那些不再适用"小姑娘"来形容的姑娘们，我只能说，有梦想也不能算坏事儿吧。

我有一个女朋友，她的老公应该就是所谓的完美男人，开奔驰，做大生意，天天按时回家吃饭，结婚 30 年从来没闹过绯闻、劈过腿，对妻子关怀备至，小礼物不断，甜言蜜语经常，夫妻的感情非常好，让所有的人都很羡慕，问她如何这么幸运遇上这样一个完美男人？

女朋友还没说话，这位完美男人先开腔了。他说我哪里是什么完美男人，我俩 20 岁开始谈恋爱，每次看完电影我都让她自己回家，从来不知道送送人家。结婚以后，我开始打拼事业，家里的一切都是她在操心。公司有时候发不出工资，她会把家里的生活费拿给我先发工资。每天晚上不管我几点回家，一准儿有一盏灯在等着我。我开始体谅她，心疼她，宠爱她，实际上都是从这个时候开始的。我觉得她很完美，作为一个女人，做到了她能做的一切。我开始意识到成为一个完美的男人应该如何去做，并开始用一个完美男人的标准来要求自己，一点一点地做到让她满意。

看见了吧，完美男人都是这样炼成的。几乎没有一位已婚女性认为她们的男人在恋爱的时候是一位完美的男人，所谓完美，其实都是经历了生活的历练和女人的调教与培养，在通向完美的路上一步步跋涉而成的。

完美男人当然存在，只是绝非自然天成，而是存在于生活的训练当中，存在于他与女人的交集当中，从这个意义上讲，每一个女人都是完美男人的老师，每一个男人都有成为完美男人的潜质，只看你对他潜力的开挖有多用心。

这样的研究结果带来了两个问题，一个是什么样的男人才可以踩进完美男人的门槛？我觉得这个问题完全取决于妹子们的门槛高低。如果单纯从人的角度出发，我觉得找到一个所谓完美的男人比找到一个真正完美的女人难多了，因为男人本身就是粗糙的动物，他们的感知和表达能力都远远赶不上女人，这使他们在客观上要成为一个让女人特别满意的完美男人的难度大大增加了。

所以，妹子们如果一心想要找一个现成的完美男人的话，只有两件事儿可以做，一个是降低标准接受他的不完美，一个是跟时间死磕，只等那个完美男人自己往枪口上撞。这两件事的概率相比较起来，我还是觉得放低标准更靠谱一些，因为这样可以让更多的妹子有机会在合适的时机把自己嫁出去，而跟时间死磕的结局常常是输了时间丢了青春，怎么看都不划算。

还有一个问题就是我问妹子们的问题，非完美男人不动心，那么你自己的完美指数高吗？我在我的社会调查中已经发现，相比较而言，较完美的女人身边那个男人通常不会太差，有的男人虽然起点不高，但如果他身边的那个女人比较善于调教他，男人的进步就很快，成为一个相对完美男人的几率就会更高一些。

因此，别再抱怨你的男人不完美，哪个完美的男人也不是天上掉下来的馅饼儿，还正巧砸在你头上，真正完美的男人不是你调教的就是别的女人调教的。当你的男人在通往成功的路上狂奔的时候，你能艰难忍受寂寞和冷落吗？你愿意陪着他而无怨言吗？你能接受狂奔之后仍离理想那么遥远吗？这些决定了你的男人成为完美男人的概率有多大。

如果，你想让他成为一个懂你懂女人的高手，那么你就得多给他交流的机会，让他知道你的需求，比如，不仅告诉他怎样做你才开心，还要对他说如何做让你更满意。那种天天指望与完美男人狭路相逢的妹子注定要失望，完美的男人存在于你与他的相处中，存在于你跟他的磨合中，存在于你和他共度的时光里，可以说人的所有完美都是时间的礼物，男人也不例外。

大家都很喜欢的熟男级大叔吴秀波，你以为他是从天而降，突然完美的吗？年轻时他默默无闻好多年，甚至在娱乐圈都混不下去，可是丰富的经历和时间给了他最有力的雕琢，让他变得优雅从容，完美沉着。过去人们常爱把完美的男人形容为君子温润如玉，因为玉的形成正是历经了时间的沉淀。

所以，与其在那儿等着撞大运碰上一个完美的男人，不如从现在开始尽快修炼，让自己成为一个完美的女人。没有天生的完美女人，自然就更没有天生的完美男人，真正好的爱情会让你们成为更好的自己，一起向着更完美的方向飞去。还有一点，再完美的男人也给不了你整个世界，所以，放下过高的期望你会得到更多。

让爱做主，没有什么不可离开

我经常在心理咨询的时候听到女孩们这样哭诉，"和他分了以后，感觉再也不会爱了"，"为什么他会离开我，他说过要陪我一世的"，"他离开以后，我的世界再也没有颜色了"。听得多了我也好奇，到底哪些情感挫折给女孩们带来了怎样的影响？没想到调查结果让我有些惊讶，那就是大多数高龄未嫁的女孩，除了那些因个人的条件不尽人意而自己的期望值又偏高的以外，几乎所有的女孩都经历过爱情的创痛，承受过情伤的折磨，遭受过爱人的背叛，或者经历过不得已的放弃。

有的女孩在 20 几岁时遭遇情伤，一直消化到将近 30 岁还没有完全恢复；有的女孩是一个情伤还没消化完，下一个情伤又接踵而至，不断地体验被放弃或无奈放弃别人的感觉，让她们对恋爱失去了好感，失去了兴趣，也失去了主动。

在一次心理辅导课上，我让一位学员躺在地板上，告诉她如果她不想起来就可以躺着不动，然后，我请了现场超过 30 位学员上去想要拉她起来，可大家费尽九牛二虎之力，就是无法把她从地板上拉起来。这个心理实验告诉我们，当一个人自己不想动时，任何外力对她来说都是无效的。

而那些大龄单女们感情受挫后长时间无法再投入恋爱，正是因为在她们内心深处一直住着一个委屈的小女孩，每天都在跟她们抱怨：恋爱有什么好啊，再好的开始也没办法有一个好的结果，再好的男孩最后都要离开，再好的女孩也会被人厌倦，既然无法拥有，又何必寻找下一个开始呢……

也正是这样的认知每天都在给她们暗示，你不够好，不够优秀，不够美丽，所以他离开你了，不再爱你了，不再陪伴你了。我觉得为什么很多女孩走不出情伤，就是因为她们用一次或几次的情感失败把自己逼进了价值低谷，从而让自己失去了再战的自信。

不自信的女孩们，在你漫长的青春中，一个或几个男人的离开，并不能够代表什么，两个人在一起虽然曾经说好了永远，但不知为什么就散了的事儿每天都在发生，也许是因为赌气，也许是因为不在意，也许是因为不够珍惜。所以，在人生的逻辑里，没有什么是必须拥有的，也没有什么是不可以离开的，你爱的不一定就是你所拥有的，而爱你的也不一定就是你想要的。

爱情是一条驶在时间河流里的船，在不同的时间，变幻的是两岸的风景，不变的应该是你那颗继续相信爱情的心。因为怀疑爱情，因为不信任爱情而不停地放弃，是你对岁月最大的辜负。别再怀疑你是否还可以爱上别人，只要保留爱的权利，你可以爱上无数次，别人也可以爱上你无数次，随心而动的爱才会有更好的结局。

　　已经离开的爱情就忘了吧，昨天的过往已不重要。你今天感觉不幸福，是因为你还没有从那些不属于你的人的生命中走出来。回头，转身，往前走，不属于你的就应该放手，把你的手空出来才会让自己抓住更适合你的机会。

　　30 岁这个年龄，不适合等，适合尽快出发！

人生不必看破，通透即可

　　每年的黄金周和春节长假后是我最忙的时候，女孩子们预约咨询的电话一个接一个，时间安排得满满当当的。大致说来，此时来做心理疏导的姑娘们有两类，一类是刚刚交了男朋友，不管是相亲认识的还是假期聚会认识的，反正面对一段崭新的关系，姑娘们总是会有一些困惑，需要有人来帮她们梳理一下，分析一下走向。这类咨询很简单，因为一段关系刚刚出发还充满了未知与新鲜感，姑娘们跃跃欲试，情绪激昂。

　　另一类姑娘的问题就有点麻烦，她们大多刚刚在假期里和男朋友分了手，有的还是同居多年的情侣，却在这个假期里变为路人，姑娘们的情绪跌到了谷底。为什么情侣大多喜欢在假期里分手？一个可能是因为假期里人比较放松，更有时间和心情去考虑双方的关系问题，另一个最好的借口是假期里有时间平复心情，即便真的一时接受不了，宅在家里几天不吃不喝不说话，再睡它个昏天黑地，这事也基本算过去了，还有一个原因是假期里各种聚会特别多，容易发生移情别恋和随机劈腿。所以，对于那些已经有了些年头的情侣关系来说，假期是危险期。

28 岁的漫漫来找我的时候就是刚刚从假期分手综合征里走出来。她和男朋友是大学同学，两个人已经同居了起码五年，可在春节假期里两个人毫无征兆地分了，本来两个人已经开始谈婚论嫁，一起看了钻戒。突生的变故让漫漫很不适应，由于已经过了一段日子了，她的情绪倒没有那么激烈，只是一再地叹息，感叹自己很受伤，怀疑世上根本没有完美的爱情，觉得一个人的生活也挺好，少了很多烦心事儿。

我问漫漫是不是很有看破的感觉，她点了一下头，像鸡叨米似的频频摇动下巴颏："是呀，是呀，我是觉得自己看破了，这世界没什么意思，爱情也没什么意思，男人也没什么意思，婚姻更没什么意思，我突然觉得自己对生活一点好感也没有了，这应该就是出家人所说的放下吧。"

我又问漫漫，如果她真的觉得自己可以放下了，还来找我干什么，既花费时间又需要付出金钱，所谓放下就是不再想了，所谓看破就是不再有所求了，这两点她做到了哪一点？

看得出，对于我的问题漫漫很有些情绪，她噘起嘴来长叹一声："反正我是真的觉得对男人失望了，再也不想跟他们打交道了，一辈子也不想。"看得出来，漫漫的情绪还处于应激状态，对突发事件不能接受。我提醒她，真正的看破反而是一种接纳，是一种不再抗拒事实和结果的精神状态，真的万事都看破的人，会放弃继续执着，会顺应命运的安排，不再有所求，也就不再抱怨，可漫漫的怨天尤人和她不断表达的对男人的失望，证明了她其实并没有放弃执着，甚至比原来更加执着。

果然，听完我的分析，一直有些情绪偏激的漫漫开始若有所思，她那涂着豆蔻红色的指甲在茶几上不断地敲着，滴滴答答，仿佛她内心的凌乱。

这几年我不断遇到这样的女孩，跟男人在一起时潇洒无双，也许男人只需要一杯咖啡便搞定她们了，可一旦跟男人闹掰了，她们当初的潇洒又荡然无存，除了常见的大哭大闹，茶饮暴食，很多姑娘还会落下一个后遗症，那就是她们以为的看破，而且很多姑娘还会以此为荣，认为自己从此上了一个很高的境界。

可是人真的想要看破就可以看破吗？看破真的是一场感情风暴就能够达到的境界吗？人活在世上，七情六欲，爱情只是其中的一种，因此，如果你不能够把别的情与欲放下，所谓的看破只是一种破罐子破摔的借口，跟"境界"、"高尚"完全沾不上边。

她们口中的看破全然没有诸事放下的释然，只会让人越来越消极，所以我说人生不需要看破，通透就好。

我有一个喜欢藏玉的朋友，最情有独钟的是和田玉的籽料。每一次拿到一块极致的玉料，赞不绝口的他总是那一句话，好料，通透！后来我向他请教"通透"的内涵，他对我说，一块通透的好玉料可以让人看到它的前生今世，看到它未来的样子，看到它有可能的变化，从而可以对它的价值做出一个预期。

这位朋友的话让我豁然开朗。都说每个人的一生都应该有一块属于自己的玉，我却觉得人的一生有没有一块玉真的不重要，重要的是人的一生应该有一种像玉一样的通透，尤其是对那些饱尝感情之痛的大龄姑娘们来说，看破大可不必，通透则应该成为人生的常态。

如果你可以做到像一块玉那样通透，把你的前生和来世都看个清楚，知道水往何处流，路往何处走，知道有些事该来的一定会来，该走的终究会走，明白感情的东西只能顺其自然，无法强留，懂得人生的米字路口很多，有时候一步走错就步步走错……你就不会再有那么多的所谓看破。真的看破其实就是通透，不再纠缠前生今世，不再苦苦追问为什么，接纳，认同，放下，从溃败中重新站起来，把每一段经历都深埋于心中细心收藏，如玉的形成，时间终得让岩石蜕变成玉。

最受不了那些年纪不小了的女孩，经历了几个渣男，就从此一蹶不振，天天捧着自己的心，让所有的人为她的所谓看破感到惋惜。还是那句忠告，真正能看破的人从来不会发声，早就悄悄找个地儿用心敲木鱼去了，你充其量就是受了点刺激，把心放下，让它踏踏实实待在该待的地方，相信属于你的那个男人就在来的路上，你们不是没有缘分而是缘分早已注定，只是需要一点点时间，让你们彼此找到对方。

别再抱怨那个离开你的男人，没有他的离开就没有属于你的真正的幸福的到来。相信每一场离分都是你生命中必然的安排，只要你不放弃，机会就永远在找你，你要做的就是时刻准备好，当机会出现的时候紧紧抓住而已。

当你度过生命中这最艰难的时刻，可以淡然接纳现实的时候，回头再看，一切都是早已安排好了的，这不过就是你来时的路。学会了通透，你也就学会了可以提前预习生活的本事，当所有的遭遇你都曾经在预习中排练过，还有什么是可怕的，还有什么是不能承受的呢？

演员演得好都是因为练得多，所以，通透这事不难，多演演多练练，你就明白了，那些过不去的坎儿都是自己的心结。你把生命当成一出戏，这些事儿就都解决了，大幕拉开，舞台是我的，生活是我的，你可以走，我可以通透。一颗通透的心足够照亮脚下的路了，只要你还保留期待，生活就不会让你失望。

Part 3

彼岸的他，
看得清才能抓得牢

别把男人当成你的未来

最近接连接触到几起小夫妻闹离婚的咨询个案，整理咨询方案时突然发现，这几起个案惊人的相似，都是结婚在五到七年之间，孩子年龄都是在两到五岁间，都是妻子坚决要离，而老公不想离。

跟几位妻子谈了几次，逐渐找到了她们坚决想要结束婚姻的根源。几位女性当初都是心气儿很高的姑娘，追求者众多，以为嫁的这个男人会给她们想要的一切，期望值偏高，可婚后的生活并没有如她们的愿，期望值落空让她们心生绝望。

同时，几位女性对改变现状还抱有很大的憧憬，她们把摆脱这种没有希望的生活放在了换人这个关键词上，把自己的未来依旧放在男人身上，想着这个男人不行，也许再换一个男人就可以过上想要的生活了，所以，这婚是离定了。

对于几位女性的想法，我完全能够接纳，我认为这是她们的权利。每个人都有选择自己生活的主动权，在对婚姻失望的处境里只想逃离，也是可以让人理解的一种决定。

尽管她们的老公并不这么看他们的婚姻，尽管她们还都是年幼孩子的妈妈，我尊重她们的选择，只是希望在心理和情绪疏导上多给她们一些帮助。

无独有偶，不久前我参加了一个大龄女性的情感沙龙，跟一些什么都不缺就是缺一份可以信赖与依托的情感的大龄妹子们交流后，我发现她们在择偶的方向上，跟前面那几位失望的妻子有很像的地方，那就是她们一直在寻寻觅觅，蹉跎青春，迟迟无法展开一段靠谱的恋情，就是因为她们太怕了。

她们太怕那个男人不行，不能给她们想要的生活；怕那个男人能力不足，不能给她们一个像样的未来。她们担心自己的付出有可能是一场有去无回的旅行，到了目的地才发现不是自己想要的。正是因为太看重结果了，因此她们无法开始一个美好的过程，而没有过程，显然结果就永远只会是一个悬念。

我觉得这些大龄妹子和那些妻子们犯了同样的认知错误，那就是她们把自己的未来完全寄托在了男人的身上，把男人当成了自己未来生活的一个台阶，这个台阶只能向上，承载着她们所有的梦想，一步步通往她们想要的高高在上的生活。

我承认女人嫁人会考虑得比较多，可像这样把自己的未来生生地架到一个男人的肩膀上，有几个男人承受得了？而一旦感情生变，未来该如何保障？

不少女人在婚姻的许多问题上都很理性，唯独在对男人的期望值上有时过于感性，这感性犹如一把双刃剑，有时她会因为这点感性下定决心嫁给这个男人，也会因为这一点下决心离开这个男人。女人在婚前就对男人抱有较高期望的，也更容易过早对男人失望。

从理性的角度看，女人的这种心态实际上正是她无法让自己获得真正的幸福婚姻的障碍。大龄女因为不确定这个男人是否可以给她一个有价值的未来而不断地放弃机会，以至于年华老去，机会渐失。而那些感觉过得不好的妻子们，想用换人的办法来解决婚姻的问题，但越换越好只是小概率事件，我们倒是见惯了越换越糟的结局。为什么女人越想把未来维系在一个男人身上就越不靠谱？为什么现如今你很难靠依赖一个男人来获得你想要的幸福？

男人有男人的问题，女人自己是不是也出了问题？

婚姻也好，恋爱也好，靠一个人支撑一定是很难成功的，尽管长期以来的社会文化把婚姻中男人的角色定位得更高一些，但这并不意味着男人该无所不能，既高大威猛，又坚强勇敢，在外独当一角，在内温柔体贴，挣得了大钱，伺候得了老婆，男人也是人，并没有三头六臂，承担不起你的这么多期望。

你们走到一起，是因为彼此都想经营一份美好的情感，想在一起相互取暖，相互慰藉，以抵抗漫长人生的严酷压力，什么时候你们之间只剩下了单方面的要求，只剩下了那份因为期望落空而带来的失望？

婚姻就如同汪洋中的一条船，要面临太多的惊涛骇浪，这条船太单薄，承载不起你太过沉重的希望。

还是找一个可以和你一起创造未来的男人吧，他可能不是很能干，但两个肩膀总比一个人扛能坚持得更久一些；他可能不是很坚强，但两个人一起面对风雨，总会见到彩虹；他可能满足不了你的所有期望，但他很努力你也很努力，美好的未向一定会慢慢靠近你。

有一次我在巴厘岛玩漂流，我和一个队友一条船，河流湍激，别的队友划得很快，一会儿就超过我们了，可是我的搭档一直在抱怨，船太破，桨太旧，水太急，石头太多，我使出了全身的力气船也走不动，是因为我的搭档一直不动，后来我突然意识到就这样我们永远到达不了彼岸，虽然彼岸就在我们的视野里。

婚姻中也一样，哪怕这个男人再有能量，他也无法带着不动的你同船渡到幸福的彼岸。幸福不是等来的，是两个相互信赖的人共同创造的。未来这个梦太沉重，连上帝也承载不起，所以想要一个自己满意的未来，你只能寻找愿意和你共同承担的那个人，这个梦既属于你，也属于他，有时候这样的梦一做就是一辈子，因为你们彼此相爱，而不是期待。

男人不过是没进化好的动物

"男人不过是没有进化好的动物"，这句话我是听一位医生朋友讲的。那是一位外科医生，有着 30 年的临床经验，他的很多道理都是从人体解剖学来的。他说从外观上看，男人的毛发很重，有的人还有返祖现象，浑身都长满了毛，这使他们看上去更接近自然界的动物。

从内部的构造来看，从排泄到生殖，男人只需要两套系统就可以搞定，而且男人的系统很简单，也很直观，一览无余。而女人就不一样了，女人不仅外观更加细腻精巧，大脑的沟回更加的丰富，就连内部的结构也比男人复杂多了，从排泄到生殖，女人至少有三套系统，内部构造自然也就更加的复杂。

一直有这样的说法，说是上帝在造人的时候，对女人比较用心，精雕细琢，而对男人就比较粗心，随便捏了一个造型就让他出炉了。我想这可能因为上帝是一个男的吧。

可能也正是因为上帝在造男人时的漫不经心，造成了现如今很难找到一个让女人满意的男人吧。不过，自从听了这位医生这样解读男人以后，我开始对男人有了另一种层面的理解。

比如说，很多女孩都会抱怨男人的不忠甚至嫖娼的事，其实从生殖的角度看，男人热衷于性事，经常会为了几秒钟的荷尔蒙冲动奋不顾身，拼上身家性命也在所不惜，有时候是他的生理特质造成的，因为男人天生具有到处播种、繁衍后代的基因。很多女人认为这是男人的欲望，实际上这更大程度上是男人的本能。

正是这种本能让男人很难做到专一、长情，而且，对于男人来说，由于他们的大脑沟回比较简单，这让他在生存中更擅长用直觉来决定，有时候直觉就是他行动的指南，比如说有时候一语不合就可能冲上去打个头破血流；比如说会为了喜欢的女孩轻易就下决心结束单身生活。而让一个女孩下决心跟某个男孩在一起生活，估计这事儿不经历个百转千回不会有结果。

对于男人来说，大脑简单的长处是他们比较好相处，不计较细节，不在乎态度，也不太容易闹莫名其妙的情绪。结婚后则表现的容易安于现状，满足于老婆孩子热炕头的生活，对情感没有特别非分的要求。这也是为什么中国目前的离婚要求至少有70%都是女人提出来的原因之一吧。

但因为他们太简单，有时候就难免让女人感觉他们满足不了自己的某些情感需求。比如说女人看韩剧的时候，总会为里面的悲欢离合情不自禁，流几滴清泪，而她旁边的男人不管是老公还是男朋友，总是会对女人的这一情绪视而不见，甚至有时候还会挖苦两句，让女人感觉这个男人太讨厌了，从而更加热爱韩剧里那些不讨厌的欧巴，而这个男人失了分还不知道自己错在哪儿。

有时候女人爱发点小脾气，闹闹事儿，实际上这都是因为她们太寂寞了，感情上太饥饿了，闹事儿的目的只是为了让男人更加关注自己。可女人的问题是她常常不会把目的直接说出来，她希望男人自己去感觉，自己去体悟，女人的想法通常是：他要是真的爱我，就应该知道我在想什么，他要是真的在乎我，就应该懂得我需要什么。

在这里我可以负责任地告诉女人，男人真的不像你以为的那么聪明，他们不仅很笨，而且还很傻，有时候甚至还很愚蠢，因为他们没有进化好，在感知觉的能力上更像人类的近亲类人猿，因此，你所要的一切如果不告诉他的话是无法得到满足的。

因此，这个男人可能在不知不觉中就让你失望了，在他自己都没有意识到的时候就让你打了最低分，甚至在他最没有想到的时候，就被你给出局了。在坚决被女人要求分手或者离婚的个案中，我见过不少这样的男人。

应该责怪女孩的要求太高吗？可是谁都有权利过更好的生活。关键只是在于，有时候女孩们对男人的要求是否切合实际，是否可以落地？

从生理属性看，男人没有女人聪明，他们能获得更大的成功是因为他们更专注，行动力更强。比起学业、事业等等，情感才是人一生最难搞定的事情，因为它总在不断变化，很难永远保鲜，而且，情感还是人们界定自己是否幸福的价值高地，而这的确是男人的短板。

情感是人类进化以后的产物，它是人类在漫长的成长中获得的一种能力，它不仅需要大脑构造的精细，还需要心理结构的复杂，它是感觉、触觉、嗅觉、视觉，甚至直觉以及更多知觉的综合载体，再配合以思想、时间，是一种极其复杂的心理体验。

可是男人们有这些吗？男人最多是一个视觉动物，他们的视觉最发达，这也是他们特别爱看漂亮妞儿的生理原因。所以你跟他在一起以后，你让他戒烟戒酒估计都可行，但让他戒了垂涎美色的习惯估计很难行。

有些大龄的女孩，谈起男人就头痛，总觉得她们搞不定男人，其实她们真的把对手想得过于强大了，男人是很简单的动物，他们要的简单，想的也很简单，做起来更简单，只要你别对他要求太高。在男人看来情感的问题就是付出，他爱你就会愿意为你做一切，你想要的他都会想办法给你，只要不高出他的能力太多。

男人在生活中表达情感的方式就是让你安心，让你不为了钱而发愁。他可能不会在你下班的时候做好饭等你回来，也不会在你情绪不好的时候哄你开心，甚至不懂得在你感觉累的时候说两句好话，但他会记得把工资卡交给你，记得在外面多加几次班，好让你买那双你喜欢了很久的鞋。

心理构造的方式决定了男人是粗心的，他们没有那么细腻，没有那么体贴，甚至没有那么会来事儿。同样的事儿，在他们看来是怎么解决，而在女人看来常常是奇怪怎么会发生这样的事儿。

而且男人的雄性特征又决定了他们是征服欲很强的动物，在他们的世界里，女人常常是微不足道的部分，只占了他们生命的一小段儿时间和空间，他们更感兴趣的是整个世界，再没有志向的男人也不会承认他们对征服没兴趣。

这让男人在他们一生的时间里大部分选择向外看，不太关注女人，尤其是已经成为他的猎物的女人，所以，结婚成家只是大部分男人的一个人生任务，不代表全部。而对于大部分女人来说，结婚成家是一生幸福的开始，是她从此以后的生命舞台，甚至是她未来的人生追求，因此，女人会在婚姻里对男人有更高的要求和需求，也有更多的期望。

走进婚姻又选择离开的为什么女人居多，因为男人和女人的目的地各不相同，男人希望家庭只是他生命的一个栖息地，他喜欢更多的自由，因为没有进化好的他们还有一些野性。女人却认为婚姻是她的全部，她愿意为此放弃自己的自由，认为她身边的这个男人一样也不需要自由。

放弃的多，自然期待得到更多，但结果却往往让女人大失所望，男人满足不了她对情感的全部期望。男人喜欢跟她亲热，她会觉得男人只知道性；男人在外打拼事业，她会觉得男人只知道钱；男人忽视了她，她会觉得这个男人不爱她了；男人回家没有哄她，她就会觉得这样的男人根本不能要了。

女人啊，你总是想得太多，实际上你的这些感觉都是错的。男人喜欢和你在一起亲密，是因为他觉得那是一种爱你的方式；男人打拼事业，没时间陪你，是因为他想要你过得不比别的女人差；男人可能会忽视你，但这绝不证明他不爱你了，只是他觉得你已经是他视野里的风景了，看得多了就有点熟视无睹；男人回家没有哄你，是因为他们通常没有心思去猜别人，他更希望你告诉他他该怎么做你才开心。

说到这里你该明白一个事实了，男人和女人对情感的认同方式不一样，理解与表达的方式也不一样，那些希望男人和她们一样，甚至不惜用一生的时间来改造男人的女人，几乎没有一个成功的。

　　真爱一个人就给他自由，让他可以做自己吧，你可以跟基因抗争吗？上帝要男人没有进化好就来到这世界和女人做伴，就是想要让女人感觉男人的不同，并且从这不同中找到乐趣，这样的日子才好玩儿，这样的相处才有意思。

　　所以，期待找到一个男人然后满足她所有需求的女人注定要失败，放弃期待，你可能会发现更多机会，跟没有进化好的动物在一起，你要是认真你就输了。

男人看脸不如看臀

　　不知从什么时候开始，颜值一词盛行。我一直觉得，这词儿拿来形容女孩还比较靠谱，用来考量男人怎么看都有点娘，所以也不能怪现在的男人娘炮太多，有时候这是人们奇怪的审美观给逼出来的。

　　有一天，我在一家酒店大堂等朋友，忽然就发现空旷的大堂里挤满了人，一打听才知道，原来是一位当下特走红的小鲜肉代言了一款游戏，正在这家酒店举办首发式呢。

　　一会儿小鲜肉露面了，脸真的好小，皮肤也不错，就是瘦，干干的瘦，一点水分也没有的那种，虽说男孩不太需要水灵，可干的就像一年四季都没有下点雨的田地，怎么看也让人无法生出春光无限好的感觉，我看了一眼就低头玩手机了，没兴趣。

　　可身边的那些女孩真的让我挺不能理解的，她们有的带着花束，有的带着绒毛玩具，有的还捧着巧克力蛋糕，不时地尖叫、欢呼，让那家高贵冷静的五星级酒店大堂一时乱得像菜市场，充满了世俗生活的热闹。

　　在这种热闹的气氛中我不自觉地又瞄了那位小鲜肉一眼，这回我不看脸了，我看的是他的臀部，因为我觉得这才是决定一个男人是否有真正的魅力，是否具备真正的性感指标的硬件。

结果不看没事儿，一看我更没事儿了，这哪是个男人啊，一点屁股都没有，该翘的地方瘪着，不该翘的地方也瘪着，基本上就是一个平板，不仅没有线条，连一个弧度也没有，就这还是帅哥？我立马替那些抱着鲜花抱着巧克力蛋糕的萌妹子不值，不懂欣赏男人的你们啊，真是浪费了那些尖叫。

其实不仅是萌妹子，有些年龄一把经历不少的妹子聊起男人来也往往不得要领。

不知大家注意过吗？那些婚礼上的新娘留给大家印象最深的，大多是幸福的笑容，至于脸往往是比较模糊的，这说明在一段婚姻中脸一定不是决定因素。

如果说女孩子年龄到了靠近 30. 大关时，脸已经不再是男人们选择的唯一标准，那么你选择男人还看脸是不是就有些愚蠢？

大龄的男人和大龄的你一样，脸已经变得不那么耐看，加上男人不会像女人一样在脸上有巨大的投资，那就更不比你耐看。还有，我一直不明白男人的脸好看具有什么价值，除了带给你情绪价值，似乎也没有别的了。可要是脸好看的男人却有一个让人无法忍受的坏脾气呢？

告诉女孩们一个秘密，想要找一个让自己身心都舒服的男人，跟他在一起的时候少看脸，多看他的臀部吧。

男人的臀部基本上是他一生的能量源泉，臀部肌肉丰满，翘出优美的弧线，向两旁自然扩张，运动的时候，会随着节奏上下律动，充满了张力，好像一匹随时可以奔跑起来的野马，满满的都是生命力。

还有的男人的臀部，结实、丰腴，好像老款奥迪车的后屁股，这样的臀部不仅意味着旺盛的精力，还蕴藏着取之不尽的宝藏，既可以给人视觉上的享受，手感还很好，可以成为你动情时刻的抓手，让你和他一起奔跑在云间。一个男人的性能力、获取财富的能力、身体的健康程度，大多可以从他臀部的形状看出几分，你见过哪位商界大贾有一个干瘪到可以忽略不计的臀部呢？

对于男人我一直这样看，一个男人可以没有美好的脸蛋，却一定要有美好的性格；可以没有美好的性格，却一定要有美好的臀部，这是底线。不过在我的观察中，发现但凡有着美好的臀部的男人性格都不算差，因为人的身体也反映了人的成长经历，那些有着丰腴、优雅、大气的臀部的男人通常不是脾气很糟糕的男人，他的性格多半会和他的臀部一样温柔、敦厚，甚至绅士。

男人臀部优美的弧线有天生的原因，但大多数还是来自岁月的打磨，有的男人脸已经沧桑得没法看了，但臀部却愈发的闪光，这方面影星王学圻大叔算一个典范。

还有小贝，尽管现在他已是四个孩子的爹地，你就看他接了多少内裤的广告，就知道他的臀部有多火了，这是给他的丰厚的馈赠。

男人的臀部就像女人的脸一样，越历经时间的历练就越有内涵，真正懂男人的女人一定更在乎男人的臀部，不管是视觉，还是手感。我曾经在美国的健身房碰上一溜儿在练翘臀的大叔，健身教练告诉我说，这些大叔不惜血本苦练翘臀不为别的，只为保持他们在妻子眼中的性吸引力，也就是我们所说的性感，可见男人在乎的也就是女人们在乎的，男人年纪越大越在乎他们的臀部，女人越老越在乎的她们的脸，表面看上去这两者风马牛不相及，可其实都是一回事儿，那就是他们都想保持最好的状态，以吸引现在的或者未来的伴侣。

如果你现在真正需要的是携手一生的伴侣，不妨去健身房转转吧，那是男人的肌肉市场，到了那里往腰以下看，美好的臀部会让你有过电的感觉，只有找到这种感觉，你才算得上是一个真正懂男人的熟女。

不经历渣男怎么会长大

　　子晴是我的一位读者，她白皙、温婉，颇有古典美女范儿。32岁的她是一位怀孕七个月的准妈妈，我们平时很少见面，但每天在微信朋友圈里看到她秀自己的甜蜜状态，我打心里替她高兴。

　　一直在想她五年前的那种状态。那时子晴27岁，刚刚结束了第三段恋情，眼睛空洞，神情倦怠，充满了对爱情的心灰意懒，当时她是我的一次新书签售会的志愿者，也是我的女性读物的读者，签售结束回家的时候她刚好和我顺路，我便开车载了她一程。

　　路上她跟我絮絮叨叨地讲她为什么不再相信爱情了，她的第一段恋情始于高中时代，接到大学录取通知书的那个夜里，她把自己给了那个男孩，那时她一直在想这辈子就是他了，所以对他的要求有求必应，认为爱就是要让对方开心。

　　为了追随这个男孩，她放弃了自己考上的一本，来到男孩上大学的城市读了一个民办的二本。那时他们在外面租了民房，她基本无心学习，每天陪着这个男孩学习是她的主要任务。大四的那年暑假，男孩没有回家，说要留下来复习考研。子晴回老家待了几天，想给男孩一个惊喜，便没打招呼杀了回来，没想到惊喜变惊吓，男孩和一个子晴也认识的女孩从床上滚了下来，子晴站在出租屋的门口傻傻的，不知是该进去还是离开。

就这样子晴还是不舍得男孩，后来男孩考上了研究生，告诉子晴他妈觉得他的女朋友不是名校的最起码也得是个一本，子晴的学历他妈不满意，因此他也没办法。

男孩的态度是子晴没想到的，没等子晴表态男孩就消失了，留了一堆待洗的碗盘和一双穿破的运动鞋。子晴在出租屋里哭了一个星期，也收拾了一个星期，没想到收拾出不少花花绿绿的妹子的小短裤，看来这出租屋里也曾莺莺燕燕地热闹过。她的眼泪突然就干了，扔掉了那些破鞋烂碗，一个人来到北京找工作。

子晴学的是平面设计，虽然学历不行工作倒还好找。子晴跟同事合租了房子，每天挤两个小时的地铁去上班，日子过得疲惫而恍惚。后来，公司里一个坐在她对面的男孩不断地对她表示好感，男孩很优秀，毕业于中央美院，是这家公司的首席设计。刚刚结束初恋的子晴还没有从挫败感中走出，可男孩的攻势很是密集，关键是男孩已经买了房子，这让子晴一下子又向往起那种男耕女织的生活来，很快子晴就陷入热恋。

两年里男孩不断跳槽到了更大的公司，子晴满足于做他身后的小女人，一心计划着婚礼的场景，甚至萌生了要一个孩子想法，只是她一提到这事儿男孩就会有些烦躁，好一会儿不搭理子晴。他俩在一起两年了，男孩从来没有提过带子晴去见他的父母，子晴不知道问题出在了哪儿。

那时候男孩很忙，经常一出差就是一两个月，而且，只要他人一不在子晴身边，电话接通的几率就很小，他们基本只能靠短信或微信联络。可男孩只要回到北京，在子晴身边就会对她很好，经常买礼物送给她，会给她做爱心早餐，关注子晴的情绪，所以，子晴一直很安心，从来没觉得这个男孩有问题。

一个偶然的机会，子晴发现了男朋友在世纪佳缘网的注册信息，因为的确属于青年才俊，应征者众多。后来，子晴又发现男朋友的电话上经常有来自很多城市的电话显示，有一次，她试着用男孩的电话打过去，一个女孩惊喜的声音"你不是刚回去吗？怎么又想我了"，子晴没敢吭气，悄悄挂了电话。

从那以后，她开始注意男朋友的行踪，发现他似乎在经常去的几个城市都有女朋友，而且，都是住在一起的那种，关系很亲密。发现这个秘密后子晴很纠结，不知该不该揭穿他，因为她毕竟只是他的女朋友。

后来一个偶然的机缘，一个快递员打她的电话说是有她的快递，可地址却显示是另一个城市的，子晴灵机一动让快递员给她递过来，说对不起填错了地址。

快递收到，子晴打开一看是一套女孩睡衣，豹纹图案，十足野性的"维多利亚的秘密"，子晴想起自己过生日时男朋友也送了她一套，只不过是粉紫色的，男朋友说她适合这个颜色。

晚上洗完澡，子晴穿着这套豹纹睡衣进了卧室，向来自信骄傲的男孩顿时变了脸色，后来子晴按照原来的快递地址找到了那个女孩，那个女孩又找到了别的女孩，发现这个两年里一直跟子晴在一起的男孩，至少在七八个城市里都有女友，而且都是那种自食其力特独立甚至倒贴的那种，男孩最多也就是在过生日时给她们买点礼物，平时买点好吃的。再次出差一到那个城市，男孩就会跟女孩们住在一起，像情侣一样相处。

真相完全超出了子晴的想象，可她一不能哭二不能闹三不能上吊，因为她跟这个男孩的名分最多也就是个正牌女友，这还得人家承认才行。如果说初恋男友的背叛让子晴的心碎了，第二任男友直接把她的心碾成了粉末。子晴辞了工作，离开了北京，她也不知道该去哪儿，只想找一个能让她毫无顾忌地大哭的地儿。

后来子晴去了广州发展，在那里她结识了第三任男友。这是一位45岁的英国海归，是子晴公司的客户，子晴跟他在一起主要觉得有安全感，因为她感觉自己实在驾驭不了同龄人，跟大叔在一起让她会多一点自信。对于自己的过去，海归的解释是，前妻跟两个孩子在英国，他要回来创业所以分手了。

海归对子晴很好，只是每年要有两个假期必须回英国，因为他要陪孩子，对这一点子晴很能理解，甚至还给他的两个孩子买过礼物。可是在一起三年，海归就是不谈娶子晴的事儿，后来子晴不小心怀孕了，海归对这个不期而至的小生命很不热情，对要还是不要也是吞吞吐吐的，态度很暧昧。子晴很想生下这个小生命，认为她和海归结婚也是早晚的事儿，为此，她辞了工作，准备安心在家养胎。

那一年很奇怪，圣诞节海归没有回英国，他待在广州东奔西跑，说是太忙顾不得回去陪孩子了。子晴至今仍记得那个下着小雨的下午，窗外的天灰灰的，像是在哭，门铃响了，她以为海归回来了，开心地去开门，一下子挤进三个人来，不，应该说是四个，因为那个女人怀着孕：两个七八岁的孩子，一男一女，一个看样子就要生了的不到四十岁的女人。

子晴一直记得那时她刚刚怀孕 43 天，后来海归回来，看到女人和孩子有些惊讶，只说了一句"你们怎么找到这儿来了"，就再也没抬起头来。

再次回到北京的子晴很消极，被动地应付着生活，看到男人好像小动物一样会簌簌发抖。有热心的朋友不断地给她介绍男朋友，她也去见，只是为了看一眼这个男人是不是个骗子，是不是个人渣。

那天在我的车上，子晴说了很多也流了很多眼泪，表现出对未来的绝望，对男人的恐惧。

长期做心理咨询工作，类似子晴的经历我也接触过不少，许多大龄单女之所以对恋爱如此倦怠，对找一个男朋友如此消极，很多缘于她们在过去的恋爱中遇上的那些男人。人生初期的女孩子对爱情抱有太多浪漫幻想，往往付出了真情却遭遇了渣男。

我一直认为，女孩子在恋爱早期谁不会遇上几个渣男啊，有的男人专攻的就是这个年龄段的小姑娘，她们天真烂漫，不计较得失，全身心付出满腔真情，每天靠爱情就能活下去。

就我所了解的，渣男其实很少有特别烂的男人，至少表面上看起来他们个个体面，有一份不错的职业，受过不错的教育，有的还颜值偏高，嘴甜，会来事儿，也正是这样的配置让他们很容易得手，有些萌妹子专往这样的枪口上撞。这样的男人实际上就是让女人快速成长的培训师，只是他们收取的是青春不是现金。

　　所以，当你屡屡遭遇渣男后，光去想你为什么被骗不会使你成长，你可能更多的应该想一想，渣男都给了你哪些教训？增长了你什么样的认知？和他在一起你学到了什么？离开他以后你懂得了哪些？如果，你可以从一个或几个渣男身上学到一些让人成长的东西，那你那些浪费掉的时间和虚掷的情感其实都是值得的，因为女人一生注定都会遇到几个渣男，早遇到比晚遇到要强，今天遇到比明天遇到要强，年轻的时候遇到比一把年纪时遇到要强。

　　那些经历了几个渣男便开始怀疑世界怀疑人生的妹子们，别急着怀疑，你可以在恋爱失败后暂时平静一段时间，别着急奔向下一个约会，消除一下对男人的过敏症，因为如果你抱着对男人恶劣的看法去赴约十有八九还是会失败。就像当初的子晴，她在三段恋情都告终后，再见男人怎么看都觉得是骗子，这实际上完全是一种心理过敏症。

　　把节奏放慢一点，你会慢慢地找回自己的自信和智慧，你会慢慢地长大，成为一个有头脑的女人，一个成熟的女人。

　　一般的渣男在成熟的女人面前很容易就现原形，因为当他们发现一个女人很难被轻易弄上床时，他会很快放弃，因为渣男讲究的是短平快，有便宜就赚没便宜就散。

　　所以，别抱怨，渣男是陪你走过懵懂青春那段雨季的短暂的同路人，没经历过雨季的烂泥，怎会知道平坦大道的坚实？没和渣男过过招儿，如何迎接成熟的爱情？眼泪意味着悲伤，也预示着之后的成长。

　　子晴是在她30岁时遇上现在的先生的，这是她的第四段恋情。在这之前她整整三年没有谈恋爱，可她也没闲着，跟几个对她有想法的男人保持着若即若离的关系，冷静地观摩他们，了解他们。与男人打交道越多，子晴开始有了驾驭感。后来她想，要不是那几个曾经让她死去活来的渣男，她现在可能还是那个呆萌傻爱的可怜妹子，以为爱情就是男人嘴上说的那几句好话和生日礼物。

　　子晴现在的先生很爱她，关键是他对未来的生活规划中永远有子晴，我一直说两个人在一起有未来基本上就是真爱。一直为子晴的成长与成熟感到高兴，每当再遇到被渣男伤了心的妹子，我就会跟她们分享子晴的经历，也许不够典型，但也是一种经历吧，挺励志的。

旧情人还有必要见吗

在做两性关系辅导的时候，我经常听妹子们一脸困惑地跟我说，前男友回来找我，说一定要见我一下，说他很想我，我该去吗？也有的妹子说，我和前任分了快两年了，他也结婚了，我也有男朋友了，可是他最近老给我发微信约我，想见我一面，我应该见他一面吗？

每当这时候我就会问妹子们，你想见吗？你觉得你们还有必要见吗？看得出妹子们大多很犹豫，也有跃跃欲试的，认为反正自己现在也有男朋友了，前任再也伤不着自己了。

真是些善良又无邪的妹子啊，可那个离开了她们的男人又是怎样想的呢？

为了让妹子们获得自己的判断能力，我常常会启发她们思考：你有没有想过那位前男友，那位曾经的旧情人，为什么还会对你们有兴趣？为什么还要想见你们？

我列了几项让妹子们选择，可以多选：

① 想旧情复燃

② 想回来娶她们

③ 想念她们

④ 后悔了

⑤ 想看看她们过得好不好

⑥ 想表达歉疚之情

⑦ 没事找她们聊聊天

⑧ 打发时间

⑨ 想让妹子看看他现在有多幸福

⑩ 想回忆一下往事

⑪ 对她们有歉疚感了

⑫ 没事闲的

常常是在选完之后，妹子们也就基本清楚了到底需不需要跟旧情人、前男友见上一面。

但是有的妹子属于心非常软的那种，尤其是如果分手是她提的，她往往无法拒绝前任再见一面的请求。可是真的有必要再见吗？如果你们着实再无复合的可能，并且彼此都已有稳定的情感，再见面岂不是往已经愈合的伤口上撒盐？或者，聊久生情，暗情再次涌动，伤心伤神伤别人？

有一位妹子就曾经跟我说，她跟前男友见了一面，几乎一周食不甘味，丧魂失魄，被现任一直追问发生什么了。还有一位妹子承认，再见旧情人，她忽然觉得自己还是很喜欢他，让他一比现任黯淡无光，于是她又对前任抱有了幻想，可是前任已婚，孩子两个月，过得很幸福，这让她有了要把自己撕碎的感觉，就是那一面，让她觉得自己过的不是日子是痛苦。

后来，她不仅跟现任分手，还辞了工作，到处游走，在外游荡了三个多月才有勇气回来重新面对她的生活。关键是那位前任再也没有联系过她。

我所听到的抱着善良的愿望或者朴素的想法去跟旧情人再见一面的经历，好像没有一个是轻轻松松，潇潇洒洒的，除非那种本来就没有动多少情的关系，但往往这种关系的结束也没有几个人会想要再见。

所以，旧情人再见面有什么好，有什么必要，是我一直在跟妹子们探讨的问题。你们曾经有感情，甚至曾经爱意至深，不管，是因为什么原因分的手，也不管是谁先提的分，这一定是一个创伤，多多少少总是会留下伤疤。

都说感情的伤是最难愈合的，是因为它的愈合与否你永远看不见。有的时候你以为已经没事儿了，只是因为没有什么机缘去触动它；有的时候看上去它愈合了，其实只是你在尽力想要忘记它，可一旦不小心碰到，还是会痛。

我是特别不建议旧情人再见面的，不管你们彼此还有没有兴趣，是未婚还是已婚，是有了新欢还是意中人，旧情人都没有必要再见面，因为，毫无意义。

如果他还喜欢你，你们就不会分；如果他还离不开你，你们就不会成为路人；如果他还担心你，他就不会轻易放手；如果他还对你有兴趣，他就不该消失了那么久再来找你。不是吗？

如果你还爱他，你就不会等到他来找你才想起他；如果你还喜欢他，你就不会跟他分了不久就有了新欢；如果你觉得你跟他合适，当初就不会轻易说再见；如果你觉得还是他最好，你就不会等他来找你才觉得舍不得。

所以，你们终究会分开，因为你们不合适，因为你们都对彼此失望，因为你们都不是彼此最好的选择。也许分的时间长了，你对这些理由都不太有印象了，可是情侣分手不是一朝一夕的决定，分手一定是当时你们可能想到的最好的解决办法。当然，那些一时吵架就分，转眼又合的不属于此列。

有的时候，情侣之间分了就是分了，变路人了就是路人了，既然是路人，何必非得去演一场问候寒暄的戏？分手又相见，假装你们是朋友，假装你们不相干，假装你们见一面只是为了叙叙旧，喝喝茶，你想过吗，这旧有可能叙起来都是泪，这茶有可能喝起来都是苦涩，因为你们毕竟曾经很相爱，你无法假装你们不曾爱过。

如果你现在过着自己满意的生活，有一个不错的爱人或者伴侣，你完全没必要再去与什么旧情人见一面，你需要从他那里得到什么呢？一句你过得好不好的问候？一句你比原来漂亮了的夸奖？一句我希望你幸福的祝福？一句我很想你的表白？

你觉得现在的你还需要这些吗？你希望你们之间由不相干的路人关系再陷入暧昧之中吗？到时候你可以掌控得了局面吗？如果关系失控，你是否考虑过你付出的成本会有多高呢？

你要了解，对于男人来说，永远不会嫌女人多，不管是前女友还是现任，不管是旧情人还是老朋友。尤其是对那些自己尘埃落定，后方已经消停的男人来说，约约他的前女友，看看他的旧情人常常是他打发时间和填充空虚的一种本能的反应，并不意味着他还爱着你。

记住，旧情人就是旧情人，是过去的日子，河水不会倒流，岁月无法回头，就算回头也找不到当年的那种感觉了，又何苦自寻烦忧呢？时间让你们踏进了不同的河流，就让那河流在你的记忆中静静地流淌吧，浪花不起，涟漪不泛，或许还能存留一份美好。

旧情人就是夏天刮过去的那一阵风，风已过，树已静，你何必独自在风中凌乱，不约也罢。

暖男是造就出来的

"暖男"这个词大概是前一段时间最撩人心弦的词了，据说这个词最早专指韩剧的长腿欧巴们，后来一篇篇关于暖男的文章在网络走红，暖男正式进入了中国女性的婚恋词典，让她们每谈爱情必提暖男，每憧憬婚姻必对暖男垂涎三尺，大有非暖男不嫁之势。

所谓暖男，就是那种温暖阳光，细腻体贴，对女人打不还手、骂不还口，会做饭，能顾家，懂得女人心思又长情专一的男人，外在还清爽得体，把自己收拾得干干净净，不是小清新就是英伦范儿，让女人挣足了面子。

为什么突然之间暖男形象让女人为之痴狂，我想大概有这样两个原因，一个是中国的男人里暖男的确太少，中国男性一向被公认为过于理性，缺少温情，不懂情调，好不容易碰上个细腻体贴的不够专情。

再一个是中国女孩的问题，我身边就有不少这样的女孩，骄纵，脾气大，喜欢被宠。她们希望有这样一个怀抱，可以任她们撒娇，任性，不讲道理，永远会原谅她们，永远会任劳任怨，暖男的形象正好符合这些要求。

也有一些中国女孩，本身情商就不高，职业化过程中又常常过度参与竞争，渐渐失去了女性天然的语言表达和行为表达优势，很多时候她们的心理态势处于迷失状态，情绪的烦乱常常干扰她们的内心与行为，她们非常希望有个贴心男人懂得她们，理解她们的内心，给她们想要的态度，让她们感觉自己是被接纳的。

还有一些女孩属于实惠型的，本身独立生活的能力不高，也懒得操家庭的心，而暖男的强项不仅在于可以承担生活，还懂得把生活安排得充满情趣，让女人可以不费力气地享受高品质的生活，何乐而不为呢？

我不知道在得知了中国女孩对暖男的期望值以后，还有多少中国男孩在积极备战，一心往暖男这条路上奔。只要有点智商的人都不难看出，暖男的形象不好扮演，对男人来说是一个苦差事，看来看去，我都觉得在中国找暖男，就全当是妹子们的一个梦想吧，不能当真。

要是妹子们真的特执于坚持嫁暖男，那我想问你一个问题，谁是天生的暖男？

前一段时间，我在搜狐自媒体写了一篇文章《一手女为什么特爱抢嫁二手男》，当天阅读量就超过了六十万。我在这篇文章里分析了为什么很多一手女更喜欢二手男，尤其是很多赫赫有名的一手女也都纷纷抢占二手男，排除二手男的经济和物质优势之外，我认为其中很大的因素，就是因为要说暖男，二手男的成材率更高一些。

因为二手男大多经历了一次或更多次的婚姻，早过了女人白刃相见、青涩木讷的年轻时光，因此再笨的男人在屡屡出局以后也会学到几个和女人相处的招式，再不用心的男人也会牢牢记住几个女人的死穴，学会规避那些让女人不爽的局面。

把一个男人往暖男的路上逼，得看妹子你有没有这个本事。

比如说你喜欢撒娇，你得有撒娇的资本，自己好吃懒做，二百来斤，估计不等你撒娇暖男先撒丫子跑了；你喜欢阳光男，自己却整天拉着一张脸，比包公的脸还黑，再阳光的男人也照亮不了你；你喜欢男人对你柔情，自己却是撒起泼来六亲不认，男人可能会抽打你让你找到北；你喜欢跟男人玩猜心思的游戏，可常常不等你公布谜底，男人就已经丧失了耐心。

我有一个闺密，全职太太，在家带十六岁的儿子，就这样她的男人回到家就洗衣做饭，天天给她盖被子，买化妆品，带她看电影，下馆子，言谈话语温柔至极。有一天我们惊呼，原来这位先生就是暖男啊。就在我们纷纷艳羡闺密好命的时候，人家慢悠悠地说，哪有天生的暖男，我要不暖，他还不是冷的，这 20 年里，我对他的温柔有谁看见过，我给他盖被子有谁知道，加班回来热汤送到他嘴边我跟谁说过，他说喜欢看的片子我跑几条街给他买回来是家常便饭。所谓的暖是共同的暖，一个人暖怎么可能暖得过来，就是暖得过来，放下不是很快就会冷下来吗？

闺密的话不由让我思考，是啊，那些非暖男不嫁的高龄女神，你想过吗，凭什么男人就得容忍你，伺候你，理解你，还捎带着挣钱给你花，想要这样的男人你也得学会付出，在爱情中，付出与奉献应该是对等的，更何况婚姻是要持续一生的，一个人的暖温暖不了全家。

　　因此，暖男不难找，难的是一辈子可以做暖男的男人比较难搞，对于女人来讲，想嫁暖男的愿望也不算离谱，关键是你自己是多少度的女人你要搞清楚，如果你总在零度以下，建议你还是考虑一个人单过吧。

　　有一对小夫妻，男孩是典型的暖男，在外能挣钱，在家能做饭，可是最近离婚了。离婚后男孩找我哭诉，她的心一直特别冷，我以为我的心热，我一直暖着她，就不信我暖不过她的心来，可是，事实证明，她的心真的是暖不过来的，我就只好放下了。

　　看着这位哭泣的二手男人，我告诉他，一个人的心要是冷的，你的心再热也会渐渐变凉，就像你永远也叫不醒一个装睡的人一样。所以，所谓的暖，不是一个人的暖，而是两个人都在输出的热量，真正的暖男，不是一颗热的心去暖一颗冷的心，而是两颗暖的心在一起温热起来的。

　　两颗心有一颗是冷的，暖的那颗也会冷掉。

嫁帅的还是嫁有钱的

可能是工作的缘故，我的微信朋友圈里最多的是大龄的单身女孩，而且有不少不论外形还是职位都称得上是女神级别的，就是年龄一天天让人看得心惊胆战的，不是今年 28 就是明年 30，我都替大龄仍耍单的她们着急。

她们大多是我的女性心理辅导班的学员，也有找我做两性关系咨询后结识的朋友，当然也有我的女性心理读物的读者，就个人条件来说，她们普遍受教育程度挺高，基本是各自职业领域的优秀者，经济独立，生活自理，一切看上去都很完美，除了缺少一个婚姻。

看着她们一天天单下去，除了长岁数长细纹别的啥也不改变地耽搁下去，我忍不住问她们，到底你对男人有着怎样的期望值？到底你想要找个什么样的？

海娜是一个 29 岁的漂亮姑娘，广告公司的合伙人，写得一手好文案，她告诉我她选男人的标准就是颜值要高，嘴要甜，懂艺术，爱好旅游，愿意为女人服务，最好家世要好，是不是富二代不重要，重要的是没负担，将来他只需要为她们的小家庭负责就好了。

海娜一直说她的门槛不高，条件也不险恶，可就是到现在也没正式地谈到一个靠谱的男孩。也曾有几个符合她条件的男孩追过她，可交往一段时间以后，她总会发现喜欢跟这样的男孩暧昧的女孩不在少数，而这样的男孩也是特别随意，几次，海娜都是满怀希望地开始，满怀失望地结束。几个回合后，海娜说自己累了，她觉得自己五行缺桃花，因此，大有把自己对感情的渴望束之高阁的意向。

我对海娜说，你不就是外貌协会的吗，你不就是喜欢帅哥吗？而且还得是有点能力的帅哥，这样的男人倒是有，关键是你了解帅哥吗？你懂他们吗？你喜欢颜值高的男孩，主要的需求是什么呢？

看我这样问她，海娜奇怪地反问我，你不喜欢韩剧里男主角吗？你不喜欢他们那纤尘不染的脸吗？我喜欢好看的男孩，就是为了看着养眼，带出去也有面儿，而且，长得好看的男孩一般也很会哄女孩高兴，一辈子跟这样的男人在一起才值呀。

看得出这是海娜的真实想法，如果她刚刚 19 岁，她这么说我一点也不诧异，因为那些要死要活的韩国偶像剧主攻的就是这个年龄段的女孩的心，可她年将 30 了，还烂漫如此，着实让人担忧。

我和海娜谈起她的几段恋情，问起为什么每一段都无疾而终。"唉，谈谈还行，一起吃吃饭、泡泡吧、KK 歌，见见朋友，一切都挺开心的。可是姐是要结婚的呀，但我发现主题一往这方面转，帅哥们就没兴趣了。后来，我总算明白，长得越帅的男孩越不喜欢谈婚姻，因为只要不结婚他就永远受追捧，永远有妹子为他们尖叫，他们超喜欢这种被宠爱的感觉，所以干吗要为了一棵树放弃一片森林呢。"

　　看得出海娜很失望，我倒觉得这对她来说不是一件坏事儿，不少像海娜一样的大龄女孩，心智常常与她们的生理年龄不符，使得她们在婚恋的事情上一再蹉跎。

　　谁都知道帅哥好看，帅哥自己也不例外，所以，帅哥多半是自恋的，他喜欢镜子可能超过女人；帅哥当然也是受人恋的，太受宠了，会觉得被爱是一件很正常的事情，被爱惯了往往会忘记别人也需要他的爱，就像被溺爱坏了的小孩子，只会索取，不懂付出了。

　　外形太帅的男人往往知道如何讨女人欢心，以获得更多的宠爱和崇拜，所以，他不会只去讨一个女人的欢心，结果是你喜欢他，别的女孩也喜欢他，你愿意为他献吻，别的女孩愿意为他献身，你愿意为他献时间，别的女孩愿意为他献终身。不管你愿不愿意，这种PK不会消失，哪怕帅哥老了，他花心的机会也一定比你多，谁叫他是帅哥来着。

　　所以，一心想要跟帅哥过招的女孩注定要吃苦头，就算你是范冰冰，可能也阻止不了他的花心，因为那是他携带的先天基因造成的。从生理上讲，帅哥的基因比较优秀，自然更有到处播种撒花的要求，你就只能独饮那份花痴了。

　　因此，如果你觉得带着一位帅哥出门很有面子，那么你不在他身边的时候他可能就会不给你面子了，靓女容易劈腿，帅哥喜欢出轨，不为什么，因为机会太多了。

　　如果你真心不想一辈子都活在与帅哥的追随者斡旋竞争的阴影中，我建议你还是调整一下方向吧，嫁一个帅哥看上去只是嫁了一个帅哥，实际上是嫁了一种风险，一种经不起岁月流转的结果。

在我的朋友圈里还有一种女孩，颜值在九分以上，身材、学历俱佳，就是笑起来眼角有一点点鱼尾纹，让人觉得她们真的是不小了，可是她们不着急，因为她们的心头好还没有成功，也就是存款后面的零儿还不够，她们想嫁的是有钱人。

我的一位女读者几天前特意从深圳飞到北京来跟我见面，因为她遇到了烦心事儿。她本来是北方女孩，大学毕业后到深圳闯天下，后来她打工的那家公司的老板死追她，老板比她大15岁，前面的婚姻留下两个女儿，个人条件没什么优势，就是有钱。女孩矛盾斗争了一天一夜，心想自己来深圳图什么呀，不就是为了有钱吗，这眼睛一闭就有钱的事儿没理由不答应啊。嫁了老板后女孩成了全职太太，很快生了两个女孩，每天照顾四个女儿也让她挺快乐的。

可结婚十年后，有一天她突然发现，老公在外面包养了小三，还生了儿子，经常一家三口在公园亮相，他身边的所有人都知道，只有她是最后一个知道的。女孩哭了几天不知该怎么办，老公说同意离婚，可她什么也得不到，因为财产都做了公证，连两个女儿也不属于她，因为她没工作没收入，显然养不起。

我问女孩有没有决心离开这个除了钱啥也没有的男人，女孩说她不甘心。很快女孩回了深圳，后来我发现女孩在朋友圈里发的消息显示她的生活已基本恢复正常。我特别理解这个女孩，想要钱就别活得太明白，有些事睁一只眼闭一只眼也就那样，慢慢地也就习惯了，这也是很多有钱人的后院虽然彩旗飘飘，却很少有大房出来闹的缘故，毕竟谁跟钱有仇呀。

对于想嫁有钱人的女孩我就不多说什么了，自古以来嫁个有钱人都是女孩们迅速改变命运，甚至改变一家人命运的捷径，无可厚非。可是你要明白的是，你是爱有钱人的女人，有钱人爱所有的女人，一不小心你就要面临选择，是选择出局还是选择做大房。其实这样的选择还算不错的，如果你的选择只能在小三或者情人之间，那你的结局会更不公平。

所以，如果你真的觉得自己也不小了，想正儿八经地嫁个人的话，别再迷恋帅哥，电视剧都是骗人的，看得越多智商越低；也别再一心只等有钱人，他再有钱，也不只是给你一个人花，这样的日子你能坚持到最后吗？

留意你身边这样的男人吧，他也许不帅，颜值五分左右，也许不够有钱，但愿意努力挣钱为你花，最重要的是，他可以和你相守一生，他不仅仅喜欢你青春的容颜，当你老了、胖了、病了、不好看了，他还愿意守候在你身边，把你当成他这世界上唯一的情人、亲人和家人。如果他是这样的男人，如果你已经过了30岁，你就嫁了吧，别再等了。

女人最好的经历应该是，和帅哥谈谈恋爱，和土豪做做男女朋友，合适的时机全身而退，做一个靠谱踏实的男人的妻子，这样的生活可能平淡，可风险为零。

彼岸的他，看得清才能抓得牢

　　他来自四线小城，她是北京姑娘；他是博士，她是硕士，他们结婚七年，离了，原因是两人的三观太不同了。她原以为，一个博士得多会生活呀，可是他抠门、小气、斤斤计较，干什么事儿都像个卖菜的小贩儿。婚前她知道他给他妈寄钱很感动，觉得是美德；婚后两个人供房供车养孩子，他还坚持给他妈寄钱，她觉得他一定是觉得他妈比她重要。

　　姑娘找我来咨询，我告诉她看人不能看学历，学历是后天的产物，一个人的出身、成长环境、父母的影响在他18岁以前就基本形成，他读博士的时候都快30岁了，啥都改变不了了。

　　她和男朋友异地恋九年，从21岁等到30岁，可男朋友回来不到一年，俩人分了，原因是习惯太不一样了。俩人以前在电话和视频里相处还行，可大活人在一起朝夕相处没多久就各种不适应。分手后英伦范儿的男朋友很快被90后妹子狂追，而30岁的她一脸假性皱纹，找谁都没了心气儿，也去相亲了，可是一相亲就被人问，条件也不差啊，为什么耽误到现在？

她跟我哭诉。我问她为什么要坚持异地恋，她说因为很爱。我又问她为什么好容易可以在一起又要分开，她无语，泪眼迷离。可见恋人之间有时候并不是有爱就可以决定一切，九年的时间，再炫丽的爱相信也早已归于平静，这个时候两个人的性格、价值观，甚至生活习惯的匹配会比爱更有决定权。

一直不看好异地恋，因为爱的实质就是两个人要在一起，如果你爱的那个人在遥远的地方，你还不如跟空气谈恋爱，因为空气虽然不懂你，可它却会时时刻刻陪着你。

还有个姑娘28岁时找了个比她小四岁的男朋友，谈了三年以后，她31岁，男孩27岁，他们的爱没问题，可男孩的父母有问题，不仅坚决不同意，还给男孩下了最后通牒，两人再处下去就断绝亲子关系。男孩顶不住压力，最后选择了自己的父母，已经开始发胖的女孩痛失所爱，只剩下对食物的兴趣了。

这都是些不错的女孩，符合条件至少七分以上吧，眼看着那些眉眼不及她们一半的女孩，个个都在该嫁人的时候嫁了，该当妈的时候当了，心满意足地享受自己的安逸生活，真的很为这些女孩感到不值，咋就把自己耽误到现在呢？

跟这些女孩聊起来，她们也说不上后悔，只是都会叹息一声说，不就是为了爱吗！可爱到底是什么呢？我看她们也是迷糊。

其实说到底爱不就是人嘛，你爱上了那个男人，那个男人就是你的爱；你爱上了那个女人，那个女人就是你的爱。你们在一起相互付出，彼此关爱，因为你认为他就是你的爱，她就是你的爱。

所以我一直对女孩们说，谈恋爱时要不忘你的初心，也就是出发时别忘了你的目的是什么。如果你的目的是跟一个自己爱的男人在一起，有一个幸福的婚姻，那你就不可以满足于仅仅凭着爱坚持一生。

不管你多么爱这个男人，有一点你必须得看清楚，就是他可以给你什么，别说你不在乎，一个男人在乎你一定是希望给予而不是索取。我一直认为，一个男人如果爱一个女人，有两样东西他是很喜欢跟女人分享的，一个是钱一个是时间。

也许女人根本不需要男人的钱，但让女人花自己的钱是男人表达情感的方式，再没钱的男人也很享受把现金直接给女人的那个过程，我说过他们很直接。

男人爱你就想要跟你一起，再没时间他也会挤时间安排跟你约会，一点时间都不想给你的男人，别再抱任何幻想了，直接跟他说再见吧。

男人真的爱你，想跟你在一起，他一定是想娶你的，哪怕有各种障碍，他也会想方设法去清除障碍。

人生很短暂，经不起挥霍，恋爱一谈十年八年不是浪漫，而是浪费。

世界是公平的，只要你愿意，你总会找到那个愿意和你一起面对平淡的男人，可以轰轰烈烈和你谈恋爱的那个男人，一般都不会陪你到最后。婚姻讲究的是持久力而不是爆发力，找一个有耐力的选手最实用。

如果非要具体一点，抠门的男人不能要，心眼小的男人不能要，把父母看得比谁都重要的不能要，老说身边没好人的男人不能要，太自恋的男人不能要，想花钱却不惦记着自己挣的男人不能要，不关注你的男人不能要。

其实对于女人来说，男人没有好坏之分，只有适不适合。女人一生会经历很多好男人，但是她们并不想嫁，就是因为两个人在一起好坏不重要，适合最重要。但适不适合是一门功课，既需要你擦亮眼睛，也需要你提升自己的辨人术，不要让外来的因素干扰了你，让你做出错误的判断。

不是你付出全部，就可以换来一段好的关系；不是你舍弃自己，就可以让别人更珍惜你；不是你不在乎青春，男人就会更在乎你；不是你痴痴等待，他就会给你一个结果。彼岸再近，它也是彼岸。他对你再好，看不清，你也抓不牢。

Part 4

时刻保持精致、闪亮，
才会有桃花

岁月远去，别把自己留太久

不知从什么时候起，在我的微信朋友圈里聚集了不少大龄单女，她们大多是我的读者加朋友，有的跟我已经是十几年的交情。十几年里我看着她们求学求职、升职加薪，像雨后春笋一样茁壮成长起来，可就是有一件事儿让人感觉特无奈，那就是她们的恋爱。

有的是我认识她们的时候就在谈，现在还在谈。当然，不是跟同一个人。有的是恋爱早已不谈了，男朋友也是很早的事了，业余时间热衷于读各种班听各种讲座记各种笔记，每天都在朋友圈里发感慨，"今天又成长了"，学习态度让我特感动，可学习到底是为了什么，我觉得她们并没有搞懂。

我们有时候也见面约会，坐着聊聊天，我很愿意听她们谈谈男人、谈谈感情，可她们不是幽幽地说找不到那个懂我的人我绝对不嫁，就是说找一个灵魂伴侣怎么这么难啊。你说她们都是一些对男婚女嫁的事儿死了心的人也不对，看得出，大多数女孩还是挺渴望找到一个伴侣的，至少她们还很想要一个家庭，喜欢有个自己的孩子，这越发让她们的空窗期显得寂静，寂静得快要"千山鸟飞绝，万径人踪灭"了。

我很想帮助她们，毕竟都是一些好姑娘，也热心地替她们张罗过，可最后我发现急的不是她们而是我。操了半天心我发现了，不是她们真的嫁不出去，而是她们真的不着急。

年岁渐长，人就慢慢变得有些古怪，跟人交往很难交心，似乎总在防着什么，跟男人在一起也很难动感情，这也是这些大龄的女孩跟谁谈恋爱都觉得没意思的原因。

一个人单久了，连生活上也渐渐古怪起来，喜欢安静讨厌热闹，害怕被打扰，连自己的爹妈都容不了，就喜欢一个人行动，不习惯分享。

在思想上，大龄女孩反而变得特相信爱情故事，爱看爱情小说，爱追爱情剧，喜欢电视剧里的男主角，对身边的男人不屑一顾，这也是为什么很多一把年龄的未婚女孩会成为疯狂追星族的真实原因。

在个性上，他们渐渐瞧不起别的女人，总觉得自己是最优秀的，这让她们的人际交往会变得比较艰难，每个公司的大龄女基本上都属于惹不起的狠角色。只有老板最喜欢她们，因为可以给她们发女人的工资却把她们当男人来用。

最要命的是，她们自己并不知道或者并不承认自己正在一点点变得古怪，认为别人只是因为嫉妒她们的优秀而中伤她们。通常的规律就是这样，自己有点与众不同的人从来不会觉得自己与众不同，好吧，我们就把这些看作是大龄女孩的特质吧。

也许是旁观者清吧，我总觉得这些女孩对自己的生活并不满意，你看她们转发的那些心灵鸡汤，不是劝人放下，就是让人解脱，不是专治想不开，就是让你感动自己，如果心态平和，心理不缺营养会喜欢喝这么多鸡汤吗？

我就从来不看这种东西，因为我觉得与其在这儿自己感动自己，不如该干点啥干点啥，真正能放下的人不需要你教他，怎么也放不下的人跪求也没用。

而那些奔30的姑娘们，你们根本就没拿起来过，何来的放下呢？你连经历都很少，又要解脱什么呢？

很多姑娘之所以年过30反而不着急了，是因为她们总想着"反正都已经等到现在了，也不在乎再等下去"，"我反正都到了这岁数了，急也没用，随缘吧"。

表面上看这是一种特有境界的状态，实质上是一种很消极的选择。可以说，在这之前还是你选择生活，在这之后你只剩下让生活选择你的机会了。

有的女孩一直跟我纠结灵魂伴侣的事儿，说她这辈子找不到灵魂伴侣宁可单身。说真心话，我看到的幸福都是很世俗的，两个人在一起能吃到一块去，不管聊什么都能聊得来，在床上很和谐，可以一起行动，想法常常不谋而合，这样的伴侣就是好伴侣，这样的夫妻就是可以很长久的夫妻，这样的婚姻就是不错的婚姻，这样的日子过起来就会很有劲儿。唯其世俗，故能长久。

在我看来，想要找灵魂伴侣的人大多是这样的两种人：一种是找世俗的人屡屡受挫，由此索性放弃，用这样一种格调把自己高高挂起，藐视众生；再一种人是他跟谁在一起都是孤独的，因为他活在自己的世界里，他说他需要的是灵魂伴侣，是因为他知道根本不存在什么灵魂伴侣，这只是他让世俗的社会理解他的选择的一种方式。

人的灵魂是需要自给自足的，那种指望找到另一个人的灵魂来让自己完整的想法，只能说明你可能根本就不了解何为灵魂。

别再用任何借口来为自己的消极开脱，岁月远去，别把自己留太久，这是我不好意思在朋友圈对那些亲爱的姑娘们说的话，我把它放在了这里，不过，她们总归会看到。我这样说不是要她们尽快做决定，而是希望看到她们的成长是真正的成熟，是可以给她们带来幸福的认知，而不是那些只会让她们的内心更加荒凉的鸡汤，也许这样她们才可以很快找到幸福的方向。

28 岁，是警戒线

最近，因为工作的关系我跟一些网站的女孩来往得比较多。都说互联网是年轻人的战场，一点不错，走进工作间，一水儿的青春面孔，让人感觉，互联网无非是另一种形式的劳动密集型产业。

跟妹子们混熟了，自然就开始聊比较私密的话题，结果让我大跌眼镜。这些看上去外形不错，也尚有品位的女孩，从 23 岁到 28 岁一律都没有男朋友，这让她们处处以女汉子自居，认为自己根本就不需要男人。

直到某一天，一位妹子在加班到深夜回家的路上被人抢劫，另一位妹子晚上在离家不到 1000 米的地方被一位花痴男人熊抱后花容失色，当她们惊魂未定地在微信朋友圈晒出自己的悲催遭遇后，我的评论是：妹子，别单挑了，赶快找个护花使者吧！

我不知道现在的妹子们都是怎么想的，在她们如花似玉的年代，每个人都对找个爱人不着急，本该天天活在恋爱的柔情蜜意里的她们，却总是忙着上班，忙着跟闺密逛街，忙着自己出去旅行，忙着一个人瞎待着，就是不忙着给自己找一个男朋友。

然后再过几年，来到 30 岁的边缘，她们开始有些急了，可是依然矜持地告诉别人，无所谓，不着急，于是很容易她们就告别了 30 岁，进入了一个更为尴尬的处境，说老未老，说年轻已经无法再让人相信，大多数女孩来到这个阶段是真的不着急了，因为着急也没用。

这个年龄段儿的妹子开始不得不面临这样的选择：继续坚持找一手男人，她们就必须有足够的自信去跟那些小她们五六岁的萌妹子竞争；如果想找一个成熟一点的，各方面条件匹配一些的，那就不得不考虑二手男人，因为从年龄上讲，比女孩大个几岁的男人除了特殊原因，常常是已经成家或者曾经成过家。

虽说二手男人也没什么不好，碰上个特懂得珍惜的也会过得很幸福，可如果这个二手男人有个孩子，再加上个不省心的前妻，你们俩再好有时候也经不住别人的搅局。我因为经常做这样的婚姻的心理辅导，所以，很想劝劝那些姑娘，能让自己嫁个一手男人，干吗非把自己留到只有二手男人可挑可选的地步。

我曾经在我的另一本书《嫁人必修的四堂课》里提出过这样的观点，女孩子应该在自己最有价值的时候把自己嫁出去。什么时候是你最有价值的时候呢？当然是你的青春不用任何装饰就可以闪闪发光的时候。

人类和大自然的很多规律都是一样的，经历了春耕夏种秋收，果实到了成熟期就得采摘，熟透了的果实色泽鲜艳，一咬满口甜美的果汁，既给人视觉享受也给人饱满的口感，这也是很多人都爱甜蜜的果实的缘故。

可成熟了的果实如果错过采摘期会怎样呢？

熟大了的果实比青涩的果实还让人难以忍受，因为它不仅会烂掉还会发酵，让人不敢靠近，只能看着它自生自灭。

虽然现在的社会给了女孩子很多机会，让她们不必非得嫁一个男人才能过上有品质的生活，可据我了解，在这些女孩中间，真正想要坚守独身生活的并不多，很多女孩还是希望过上二人世界的美好生活，身边有一个不需要依赖却可以相互支持的伴侣。既然心动，就得行动，即使你不着急嫁，也要尽早地开始恋爱，不经历几段恋爱，你如何了解男人？怎么可能成长得更快？然而，经历是需要时间的，成长更是需要时间的。

女孩子早一点找个男朋友，谈谈恋爱，实际上也是在试错，看看什么样的男人适合你，你适合什么样的男人，找一找你与男人相处的方式，早一点发现你身上无法经营好一段关系的问题，早发现早调整，让问题不再成为问题。早一点跟男人谈恋爱，实际上是让你成长得更完美的捷径，还有比这种方式更好的体验式教育吗？

最重要的是，年轻就是资本，不管是什么样的爱你都输得起，放得下，失败了没关系，还有足够的时间让你任性地再来。任何方式的爱你都可以尝试，因为你有的是机会。

对于妹子们来说，28岁应当是一个警戒线了，你可以30岁再嫁人，但你不可以28岁了还不谈一个或几个恋爱，还不找一个正式的男朋友，还对任何单身派对没兴趣，还对相亲嗤之以鼻，甚至还觉得网上的单身男都是骗子。

因为28岁以前你还可以是萌妹子，可以是青春派，可以是毫无心事的邻家妹子，但是 30 岁说来就来，你可以不在乎，不就是一个年龄数字吗？可对很多人来说，跨入了 30 岁大关一切都会不一样了。

这么说吧，30 岁的男人无论他是什么样的，他都不会再对 30 岁的女人感兴趣，对于男人来说，他对女人年龄的接受度只存在上限，不存在下限，这一方面是男人的心理特征决定的，另一方面也是男人的社会属性造成的，男人对女人的年龄很敏感，是因为他们觉得女人的青春可以做他们的装饰品。

现在的现实是，如果说 28 岁的男孩还是抢手货，28 岁的女孩就有点到了要尽快出货的边缘了，尽管你依然青春靓丽，但你的心气儿显然不比那些刚刚二十出头的嫩妹子足，人家谈个恋爱是为了体验，你谈个恋爱是为了结果，因为很在乎结果，所以你无心恋战，只想确定这个男人适不适合跟你一起过日子，以这样的念头起步的恋爱通常质量不会很高，糊里糊涂的开始，等明白了以后多半有一个要死要活的结束。

男人的择偶期是二十岁到四十岁，而女孩最好的择偶期则是二十岁到三十岁，如果你 28 岁以前还没有搞定一个男人，那么你基本上即将告别最佳的择偶期，只能退而求其次。

在恋爱这件事上，越早开始，你就越有挑选别人的主动权，越早开始，你的心气儿也就越足，耐得住精挑细选。社会上流传的所谓甲女配丁男的段子，是真事儿而不是调侃。

恋爱要趁早。

闺密混得越多，真爱越难找

　　"闺密"是近几年让每个女人都颇感温暖的一个存在，这个由原来的女朋友衍生而来的角色，比女朋友更贴心、更亲密、更可信赖，她是女人在男人之外可以依靠的第二只肩膀，也是女人心里特别的安慰剂。

　　闺密的功能基本上可以分成两种类型，一种是对于已婚的女性来说，闺密不是她的情绪脏水的承受者就是她的幸福生活的分享者，凡是婚后还和闺密保持密切关系的女人，她的闺密做得最多的就是这两件事。

　　还有一种是对于未婚女性来说的，尤其是对那种不谈恋爱不交男朋友还曾经受过感情伤害的女性来说，闺密就是她的安全区，和闺密在一起，她有十足的安全感，不会再经历背叛，不会再有冒险，不会再有期待落空的失望，更不需要为谁去负责任，闺密在这个时候成了很多大龄女孩的情感支撑，也成为她们越混闺密越多、越混越不想分开的一个依靠。

　　我有一个女朋友，她在30岁结束了最后一段恋爱后彻底心冷，接下来的日子她的日程表里不再有跟男人的约会，周末她会跟闺密去喝咖啡聊天，假期她会和闺密出去旅行，业余时间她会和闺密一起去学做甜点、烤蛋糕，她说和闺密在一起她感到很开心，不操心，也很放心。

我当时对她说的是，当一个年纪不小了的女孩开始觉得更喜欢跟闺密在一起行动，不管什么时间都更愿意跟闺密黏在一起时，基本上她遇上合适男人的机会就像中彩票。结果是她现在36岁了，依然是每天下班就惦记着跟闺密去哪儿打发时间。

对于那些对未来根本就没打算改变的女孩来说，这当然算不上什么，可是如果你并不是坚定的独身主义者，并不打算就这么单着过一辈子，老跟闺密在一起混可真不是什么好事儿。

因为人都有惰性，跟闺密在一起你们彼此没有要求，也没有什么情感的纠葛，你们彼此将就着、凑合着，说着已经听了一万遍的心里话，这样的相处就是一种习惯，你习惯了和她在一起相处，再让你改变你会感到痛苦，于是，闺密成了你内心最安全的地方。

很多女孩年岁渐长，却越来越愿意跟闺密在一起消磨生活，就是因为她们不喜欢挑战，不喜欢生活里有太多未知的事情，不喜欢受挫的感觉，不喜欢要动脑子判断她是否被人喜欢的过程。这样的女孩实质上是一种特别缺少自信的女孩，不管她曾经经历过什么，显然她对男人失去了征服的欲望，也对自己与男人的相处能力产生了怀疑，而且，她懒得去改变自己，对生活有点失去了热情。

但是天下没有不散的筵席，天下也难得见到不分道扬镳的闺密，再好的闺密也始终只是你人生旅程的一个过客，你们最终会选择不同的人生。我见过很多未婚时代亲密得像一个人的闺密，一旦有一个人嫁人生子，基本上就像解散了的组合各奔东西，除非大家都找到了归宿，闺密情还可能继续延伸下去，否则，一脸焦虑的娃他妈和依然高冷的单身女怎么也无法说到一起去。

指着闺密陪你一辈子，显然是不大可能实现的，既然闺密只能陪你走一程，为什么不踏踏实实去找那个可以陪你一辈子的人呢？

和闺密在一起是省心，可是没有惊心动魄，没有激情，没有荷尔蒙，没有风险，你不觉得这样的日子少了点波澜吗？最重要的是有闺密在，你会变得很迟钝，对感情反应迟钝，对生活反应迟钝，对新事物反应迟钝，你不再是那个充满朝气的姑娘，对生活你缺乏自己的主张，每天懒懒地应付成了你的选择。

经常有大龄的姑娘实在沉不住气了，跑来问我，如何尽快地找到一个男朋友？我问她，你业余时间都跟谁在一起？她很奇怪地看了我一眼，跟我的闺密啊，我又没有男朋友。

我果断地告诉她，离开你的闺密，你到现在还没有找到一个男人，是因为你不需要他。你的闺密替代了他的位置，让你没那么迫切想要得到什么。

那离开闺密，我一个人待着啊？姑娘有些不开心。

我对她说，你愿意一个人待着吗？如果不愿意，就说明你是真的需要一个男人了，想要找到他，你就会走出家门，不怕冒险，甚至喜欢铤而走险，不再害怕被人拒绝，不再担心遭遇伤害，走出闺密这个安全区，你获得的是内心的力量，这是一种敢于直面自己的选择的勇气，是一种相信自己的控制力的自信，这样的力量才是你真正的安全感，是可以属于你自己的安全感。

我试图让这样的女孩明白，这个世界唯一的安全区是她自己，是自己可以处理任何棘手问题的能力，包括对情感的掌控。跟闺密海阔天空地聊完了你还是得一个人回家，一个人面对寂寞的墙，这样的时间持续越长，你孤单的成本也就越高。

让闺密成为你的啦啦队员吧，一个人精彩地上路，找寻你的幸福。当你离开了闺密，只能一个人去喝咖啡，一个人去看电影，一个人去逛街，一个人去书店的时候，越寂寞你就越想找到那个可以陪你的人，越孤单你就越勇敢，可以超越你自己，随时随地发现那个可能的人，你的眼睛会告诉他你需要他，如果他是那个对的人，他一定会读懂你的眼睛。

如果你实在耐不住寂寞，那就找一个男闺密吧，反正生活中男闺密逆袭成为女神老公的个案也时有发生，至少跟男闺密在一起混不算耽误时间吧。

只要你相信，爱情和他一定会在某一个路口等你，只是什么时间、以何种方式全在你的选择。

梦想再美不如行动

　　这个春天最振奋人心的消息来自于我最好的女朋友，一位资深高龄单女楚楚，她谈恋爱了，找到了一位比较心仪的男人，正在浓情蜜意的热恋中。据说双方已经见了家长，虽说进度有点快，但对都几乎要奔四的他们来说，时间就是青春，越节省找回来的就越多。

　　为什么楚楚恋爱我这么高兴，有如释重负之感？那是因为我们是认识15年的好朋友了，从她的青春靓丽到如今的成熟干练我都见证过，她在职场一路飞黄腾达，我一直在默默给她加油，可在她个人婚恋问题上，我的加油声却哑了火。

　　以再挑剔的眼光来看，楚楚都属于比较完美的女孩，身材高挑丰满，锥子脸杏核眼，皮肤超级好，关键是性格温柔，做得一手好菜，绝对属于进得厅堂下得厨房的那种女孩。

　　可也许就是因为太完美，楚楚的情路颇为不顺。一开始她苦恋上一位羽毛球教练，两人因为工作的关系聚少离多，最后羽毛球教练娶了他的女助理，因为女助理可以跟着他征战南北。后来楚楚又跟自己公司的财务总监谈了好几年，才知道原来海归总监在国外还有一个正牌女友。

前前后后折腾了大概七八年，楚楚都没给自己找到一个可心可意的男人。在过了 30 岁的生日后，楚楚在感情的寻找上明显变得倦怠了，她开始把业余时间用来学插花，学做西餐，一个人出门度假，一个人在家里宅着看美剧，似乎对找到一个适合娶她的男人不抱什么希望了。

我们经常见面聊天，每次聊到这个话题，她就表现得很无所谓："你说我需要一个男人来做什么？我住得起自己买的房子，买得起自己喜欢的首饰衣服，开得起自己觉得配得上的汽车，我做的饭很好吃，我的家务活儿棒棒的，我的事业自己掌控得很好，除了生理需求，我不觉得我需要一个男人在身边，而如果两个人感情不行，连生理需求都提不起来，更谈不上满足。"

楚楚的话代表了很多大龄女孩的心态，她们对找一个伴侣如此消极，很可能都是跟楚楚一样，想不明白自己为什么需要一个男人。

有一段时间我们再见面几乎不再谈这个问题，我几乎已经习惯了楚楚的观点，觉得她可能真的像她自己所说的，是那种更适合一个人生活的女人。

就在我认为楚楚也许会就这样单着过一生的时候，却在每一次跟楚楚喝咖啡时都会听到她的抱怨。"唉，怎么找一个好男人就这么难？""唉，女人还是有个自己的孩子好，这样的人生才完整。""唉，我的男人缘怎么这么差，就碰不上一个走心的。"

听得多了我才明白，这不是她偶尔的情绪流露，而是真的有点恨嫁不及了。

于是，我又开始和她聊起了关于婚恋的话题，想了解如此恨嫁的她为此做了哪些努力。最近相亲了吗？那么老土的方式，怎么可以遇上什么好男人。周末干什么呢？跟以前一样，追剧喽。最近参加什么朋友的聚会了吗？都没意什么意思，都给推掉了。我的每一个问题，都被她的不屑、不争、不主动给化解掉了。

我问她，你想找个男人或者伴侣最大的梦想是什么？

楚楚舔了一下嘴唇，眼睛闪闪发光地说："我想找个男人，主要是想每天回到家里有一个人在等我，不要家里的灯永远都是黑的。我还想和他一起去旅行，有他在可以去那些我一个人不敢去的地方，比如说非洲，比如说百慕大，比如说南极，我们可以一起见识那些太不同的世界。我还想有一个或两个孩子，体验做妈妈的感觉，可这离了男人不行呵。"

我继续追问，就这些？

楚楚的眼睛继续闪闪发光："我还想老了的时候回到我们恋爱时走的那条路上看看，老了的时候，有人还喜欢吃我做的杏仁蛋糕，有人会给我磨一杯很香的咖啡叫我起床。老了的时候，所有的人都离开了我们，只有他还守着我，我们一起生活了60年还彼此舍不得，这就是我对爱情的所有设计，也是我对未来这个男人的全部梦想。"

你觉得过分吗？楚楚问我。

我有点被楚楚的梦想所感动，我告诉她，这一点也不过分，如果这个男人跟你在一起，做不到这些，那你们就不会走到一起，因为你们不是一路人。

说完自己的梦想，楚楚的眼神有些黯淡，可这样的男人可以找得到吗？

我觉得是时候跟楚楚谈谈我的看法了。我告诉楚楚，亲爱的，你的梦想很美，看上去毫无瑕疵，可是你能告诉我你为这个美好的梦想都做了什么吗？我们认识了这么多年，你在事业上的努力、付出让我印象深刻，可是自从你上一次恋爱失败，我就没有再看到你为这个美好的梦想付出的行动，我只听到了你的放弃、指责、抱怨，同样都是时间，有人浪费在寻找上，有人却是在纯粹地浪费，我一直觉得你是后一种。

我一直记得那天楚楚听了我这番话后一脸的惊愕，她和其他年龄不小，却还一直忸忸怩怩、磨磨蹭蹭，不肯主动出击的女孩一样，不明白她们迟迟不能找到合适的男人的原因正在于她们自己，不论在客观上，还是在主观上她们都存在着认知上的错误。

消极，被动，不喜欢社交，惰性极强，依赖心理严重，是大多数超过 30 岁女孩在恋爱上的行为特征，她们懒得交友，或者不屑于交友，这成了她们一直不能开始一段恋爱的巨大障碍。她们对爱情充满了美好的梦想，只是她们的行动太少，或者根本就不想行动。她们不去与男人打交道，交流，沟通，不给男人机会，彼此之间缺少相处、交往、陪伴、了解的过程，只会一味地慨叹自己"碰"不到合适的男人。男人不是碰碰车，当然不能碰出来。

那天的深聊之后，楚楚终于发现，这么多年来她用自己金子般珍贵的青春只做了一件事，那就是把自己锁在梦想的牢笼里，梦想越想越美，她走出牢笼的行动却从来没有积极过。

这个世界上有多少男人女人，就一定有多少相爱的机会，只是这个机会需要你去争取、去寻找。很多缘分不是自己上门的，它一定是在那个有缘人积极的行动里从天而降的。

醒悟了的楚楚收起了她的惰性，开始迈出寻找机会的步伐。周末她不再宅，而是到处参与朋友的聚会；节日里她不再一个人出门旅行，而是跟很多朋友一起去一个大家都喜欢的地方，当然这些朋友都是单身；业余时间，她偶尔也会去相一下亲，她想通了，既然她这么优秀都需要相亲，为什么通过相亲认识的男人就不可能优秀呢？

就在楚楚开放了她所有的可以接触到男人的口岸后，就在她积极地行动起来以后，好像没多长时间，就传来了她和一位也是因为忙事业耽误了个人问题的青年才俊坠入爱河的消息，虽然她比男方还大两岁，但据说两个人无比合拍，已经在谈婚论嫁。

"梦想再美也不如行动"，生活从不会让认真对待它的人失望，男人也是一样，当你真的用心去寻找他的时候，他从来不会让你的行动落空。

想找到幸福，先找到对的起点

记得很久以前看过这样一个故事，那是二战期间，美国的一对恋人因为男孩应征参战而被迫分离，18 岁的姑娘伤心不已，每天到所在地的机场去等候恋人归来的消息，谁也没想到这一等就是三十年，直到战争结束，她也没看到恋人归来的身影。

姑娘特别不甘心，每天一有时间她仍然会准时出现在机场，看着那一架架不断起落的飞机，祈祷着恋人的身影尽快地出现在她的视野里，可是她一次次地失望了。

有一天，突然有一个人叫住了她，那个人是她三十年前的老朋友，也是姑娘恋人的中学同学，当老朋友知道姑娘已经在机场等候恋人归来三十年的时候，他泪流满面地告诉姑娘："你等错地方了，亲爱的，你忘记了吗，他是水兵，只能在码头启程奔赴未知的命运，即使活着从战场回来，他们也只能停靠在港湾，你完全搞错了，所以，你永远也不会在机场等到他。"

当时这个故事给了我很深刻的震撼，一个痴情的姑娘，一个再也没有等到的恋人，只因为一个小小的失误，就错过了一生。在错的时间错的地点，怎么可能遇到那个对的人呢？

是啊，在机场等船，会等到吗？生活中有多少人因为这看上去不起眼的失误而耽误了自己一生的路程，又有多少人因为选择错误的出发点而很难到达目的地？

我有一个女朋友，40岁出头仍孑然一身。年轻时她是校花，很多人追求，可她为了学业心无旁骛。23岁大学毕业走出校门，她立志成为职场精英，每天埋头苦干，业绩不断飙升。面对众多喜欢她的男孩，她依然是毫无兴趣。

33岁，她身边的闺密、同学，基本上孩子都可以打酱油了，她才开始抽出一些时间来谈恋爱，可是因为要求太高，没几个男人可以入她的法眼。43岁，她真的急了，这时的她事业有成，有车有房，唯一的遗憾就是太寂寞孤单，她以前所未有的积极谦卑的态度，想找一个可以跟她共度未来的男人，可是找来找去，她很失望，因为在这个年纪可以配得上她的身家的男人考虑的都是20岁出头的女孩子。

为此，她变得很不自信，长期失眠，突然对自己以前的所有奋斗都产生了怀疑。以前，她觉得事业成功就会很幸福，现在她觉得有一个完整的家庭、知心的爱人、可爱的孩子，才算真正的幸福，她不断地在这样的思绪中患得患失，把自己折磨得很憔悴。

她来找我谈心，说出自己的困惑。我告诉她，这一切缘于在她人生刚刚出发的时候就搞错了方向，该恋爱的时候她拒绝了恋爱，该谈婚论嫁的时候，她每天考虑的都是业绩职位，如今她的年龄实际上是女人该坐享其成的时候了，她却突然醒悟一样，开始张罗为自己找一个归宿。她不明白，人生的每一个时间点都有该做的事，自然，她的人生很难有一个正常和幸福的旅程。

芊芊是我的女性心理成长辅导班的学员，她 31 岁，漂亮，文静，可是谁也想不到她跟一位有妇之夫已经纠缠了八年，从 23 到 31 岁，把人生中最美好最珍贵的青春都给了那个有家有室的中年人，理由是他承诺过一定会离婚娶她。

这样的男人我见得多了，他不是不能离婚，他只是懒得离婚，周旋在两个女人之间，看着她们每天为了他的一点点安慰不惜温柔的成本，这对男人来说是享受，他乐得安享齐人之福，这使他感觉自己很重要。可就是这样的渣男，姑娘居然把他当成了真爱，一等就是八年。自己不觉得自己金贵的女孩子，一定没人觉得她是有价值的。

我劝芊芊爱惜自己的青春，赶快放手脱离苦海，可她已经是赌徒心理："不行，我绝不放手，我就不信我没坚强，我已经投入了这么多，我不在乎投入更多，不就是赌吗，那就来吧，看谁输在最后。"

我问芊芊，这个男人真的那么值得你用青春去赌吗？她说："我赌的不是这个男人，我赌的是我自己，我就不信我不配幸福。"可是，现在你幸福吗？我又问。

这次，芊芊低下了头，眼泪悄悄地滴落在手上："我不幸福，我一点也不幸福，每当他来我这儿，我就想我又赢了一回；每当他离开我回家去，我就恨不得去杀了那个女人。我觉得就是她的存在，让我又输了，我每天都在想这些事儿，这八年都是这样过来的，我已经不知道真正的幸福是什么味道了。"

"如果你不尽快结束，这样的折磨还会继续，你将会离幸福越来越远，直到再也看不见幸福，因为，从一开始你的选择就是错的，幸福对你来说永远无法启程，因为你站在了错误的起点上。"

我不知道这样的分析可不可以帮芊芊做出正确的抉择，但我很希望那些想要幸福人生、完美婚姻的妹子们能够读懂我的这几句话，想要找到幸福的方向，出发的地点很重要，因为只有你站到对的位置上，才会与对的人、对的事有正面遭遇的机会。

在对的站台找到了你的位置，至少你可以在你希望的时间里启程，也许到达的目的地的日子很难确定，但已经启程你就不需要太着急。不管是我那位年过四十却开始期盼一段美好婚姻的女朋友，还是那位等了一个已婚男人八年却一无所获的芊芊，我觉得她们都属于在机场等船的人，哪怕等上一辈子，也很难到达幸福的彼岸，因为，她们站到了错误的地方，就很难向着幸福的日子启程。

所以，妹子们，不管你现在有没有出发，先看看你的脚下，不管是机场还是码头，看看那里是不是你该启程的地方。站在机场等待的人永远遇不上坐船归来的情人，所以，想要找到他，先找到他可以和你一路同行的那个位置吧。

想要找到幸福，先找到自己的起点，不管在哪儿，对的就好。

懂得选择比努力更重要

　　有一个姑娘跟男朋友谈了两年，同居了六年，前前后后相处了八年，最后男朋友娶了一个刚刚认识一个月的女孩，并且很快有了自己的宝宝。前男友把自己宝宝的照片发给她的时候，她哭晕在厕所里。

　　后来她一直走不出来，约了我做心理咨询，一见面她就告诉我，在这段感情里她付出了多少。本来她是学医的，有着很好的职业前景，可为了让男友的事业更好地发展，毕业以后她选择了留校做校医，每天过着朝九晚五的日子。

　　男友性格内向，不爱说话，她性格外向却总是压抑着自己，很少表现出真实的个性。男友是那种很宅的男人，周末最喜欢待在家里看片子，她其实更喜欢去电影院看场大片，然后两个人去逛逛街、吃吃饭，可男朋友说人太多，她只好随他。

　　两个人在一起同居后，她其实已经发现了很多两个人不合适的地方，因为性格反差太大，生活中他俩没一件事儿能商量得来，而且，男友从不妥协，可她一直觉得这只是一个在一起磨合的问题，因为他们有感情，所以，她相信总有一天他们会变得默契起来。

同居的六年是她彻底改变的六年，以至于男友在离开她的时候对她说，你还是原来的那个你吗？与现在相比，我还是更怀念以前的那个你。

男友离开她以后迅速闪婚，这让她一百个想不开，因为在这之前她已经催婚无数次，每次男友都会说，再给我一点时间，我觉得我还没有准备好，每一次她都觉得这是男友的真心话，可事后看来也未必。

其实男友是在离开她以后才认识他现在的妻子的，她曾经在男友离开的时候问他，为什么他们在一起这么多年，居然他会想要放弃？男友沉默良久，只说了一句话，"我们不合适"。

她跟我说，男友是她的初恋，跟他在一起以后，她从来没想过还会有什么合适不合适的问题，她觉得爱情就是两个人在一起相互改变，你觉得我不合适的地方我努力去改变，你要是爱我也会愿意为我而改。

我问她："你们在一起这么多年，你也改变了很多，你觉得你们幸福吗？"

她沉思了一会，有些无奈地摇摇头："可能不太幸福吧，要不然他怎么会离开我，而我也在他离开以后有一种解脱的感觉，虽然还是很难过，但是可以接受这个结果。"

我又问她："他离开以后你仔细想过没有，你们在一起真的像你说的那样合适吗？"

这一次，她居然笑了，有些不好意思："其实，他走了以后，我一直在想他说的那句话。仔细想想，我们真的有太多的不合适的地方，比如说性格，比如说接人待物，比如说对待父母的态度，比如说对事业的追求，可以说我们在所有的关键的问题上都南辕北辙，之所以坚持到现在，是因为我一直在努力地适应他，想让他感觉我们是合得来的，其实到最后连我自己也没信心了。我一直以为只要我们之间有爱，这些就不是问题，可现在看来感情也帮不了我们多少，因为生活是实实在在的选择，两个怎么也搞不到一起去的人每面临一次选择就是一次考验，时间长了我们都很害怕选择，可是越怕就越感觉不知道该如何相处才更好，所以，我知道他是怕了，所以走了。"

在两性关系辅导中，我见过许多这样的女孩，为了心中的爱情在苦苦地支撑着自己改变，因为对方喜欢女孩瘦就尽量不吃饭，喜欢女孩穿高跟鞋就天天踩着累死人的恨天高，喜欢女孩温柔内敛就处处把爽朗收起来扮演小女人，很多时候，女孩这样做并不开心，因为她们没有了自我。

最悲催的是，不少女孩在为了对方改变自己经年以后，却常常会被一句"我们不合适"这最冠冕堂皇的理由赶出局。就像一个马拉松选手，跑过了千山万水，眼看就要到达目的地的时候，却突然被告知方向搞错了，遗恨于那个永远到达不了的目的地。可是这能去怪谁呢？也许从你一出发方向就已经错了，于是你越努力就越错，越错就越是走不到目的地，只是白白浪费了时间。

对于女孩来说，青春有限，就算倾其一生也经不起几次错误的方向，就像本文开头的那个女孩，就因为选择错误，八年的时间她只干了一件事儿，那就是从最有价值的青春时光走到了现如今这个说老不老、说嫩不嫩的处境，满目沧桑，却还得打起精神来继续寻觅。

生命中的另一半，是要相守相伴共度一生的，所以不要把你们之间的差异看得太简单。很多情侣直到分离还承认都还爱着对方，可为什么相爱却无法相守？很简单，合不来，不适合，谁也无法勉强谁。

伴侣为什么又称配偶，找对象为什么叫择偶？因为配偶的首要因素就是得般配、得合适，而且是内在婚姻价值的合适，不是仅仅外表的合适。

偶的内涵是成双成对，也就是般配合适的两个人在一起成双成对，双宿双飞，这样才称得上是伴侣。而为什么配字会放在偶的前面？这说明了有时候没有般配就不存在成双成对。怎样才是般配的偶呢？这就得看姑娘们的选择是否正确了。

所以，在婚姻这件事上，爱情很重要，但前提得是般配的爱情，也就是相互之间都觉得合适的、能过日子的爱情，这个合适包括很多考量，比如说性格、为人、家世、受教育程度、两个人三观的契合度，现在还要加上消费观、生活习惯、对婚姻的态度、情感的习惯等等诸如此类的细节。

很多个案证明，一般婚姻的成功并不完全取决于爱情，再完美无瑕的爱情也会在现实面前脆弱不堪，朝夕相处、耳鬓厮磨的激情终会消退，琐碎的现实才是爱情最大的敌人。

想要在婚姻的选择中不走或者少走弯路，姑娘们就要对自己有一个清晰的界定，那就是只选合适的不选未知的，在出发之前先把方向搞清楚了，才能最大限度地避免努力成了浪费。

从本能来讲，女人选择男人的精准度应该更高，因为她不仅仅是在给自己选择一个伴侣，还是在给自己的孩子选择一个父亲，但是女性的缺陷在于她有时候太看重感觉，而感觉是一种很复杂的东西，有时候真的很难让人做出准确的决定。

女性的另一个缺陷是，一旦投入便不肯轻易舍弃，很多女孩明明早已发现两个人并不合适，却以这样那样的理由来劝说自己坚持，比如"都一起那么久了，我在这段感情中投入了那么多，一旦放弃不是前功尽弃了吗"。因为不舍得已经付出的投入而不想收手往往让事情越来越糟，以至于到最后无法收拾。

男人是直觉动物，因此他们选择起来就比较简单，而且，男人的直觉不太受别的因素干扰，往往会比较靠谱，这也是为什么男人跟你同居了八年最后却娶了认识了只有一个月的女孩的真实原因，不是你不够好，只是直觉告诉他你们不适合。

所以，懂得选择的一个很重要的智慧便是要学会及时止损，如果你已经发现这个男人不适合你，就忍痛选择放手吧，否则你的损失还将继续，损失的东西还将更多。

很多年头不长却无法维系下去的婚姻就尝到了不肯止损的恶果，小两口在还没有结婚的时候就已经发现彼此不适合，只是女人觉得在一起那么久了想要给自己一个交代，男人觉得自己要负责任，要信守承诺，于是勉强进入婚姻，却终究不能走到最后。两个好人却无法一生并肩同行，何其悲哀！

处于择偶期的女孩们，不管你的年龄也不管你的经历，懂得选择那个对的人基本上你就成功了一半，想要不浪费青春，让你的时间更加地保值，找对努力的方向比学会如何努力更加重要，那样，你将会更快地到达目的地。

时刻保持精致、闪亮，才会有桃花

一到岁末年初，我总会收到不少时尚交友 party 和一些公司的年会酒会的邀请，每年都参加，我的感受每年都不太一样，但有一个感觉是每年都会有的，那就是某些女孩出现在这种场合下的状态有一些问题。所谓状态有问题，简言之，就是装扮不合时宜，为自己的形象减了分。

现在的资讯如此发达，怎么样以一种合适的装扮和为自己加分的气场出现在大家的视野里，这从技术层面上讲并不难，我觉得问题出在女孩们的认知和选择上。

女孩们常常抱怨，平时忙于工作哪有那闲工夫展示自己，再说也没有哪个场合让我结交异性、展示自己啊。因此，只能在默默的等待中任凭缘分如花凋落。

可是，公司的年会、酒会不正是很好的机会吗？难得的一次聚会，一次展示自己的好机会，很多女孩的重视程度却很低，甚至根本就不重视。年底的时尚交友 party 上，我总看到很多女孩不仅素面朝天，而且，穿着球鞋、宽松肥大的粗线毛衣、打底裤，甚至连口红也不用一下就来了，站在那里就像一只丑小鸭，不仅不美还挺煞风景，我都替她们遗憾。

我不知道这样的女孩是怎么想的，如果你根本就不需要交朋友，何苦要来参加？如果你来就是想要交朋友的，又为什么这么女仆范儿就来了，站在那里，既不漂亮，也不闪光，黯然无色，同样都是青春，为什么你的青春就只能待在角落里？

虽说是你的青春你做主，可你的选择让你的青春既不美丽也不华贵，既不吸引人也不精致的时候，你不觉得这种任性有损你的形象吗？

跟日本和韩国的女孩相比，大多数中国女孩漂亮得多，却给人平庸、粗糙的印象，就是因为太不注意外在形象的打理，一比精致度，比吸引力，比闪光度，就输人一大截。

这也是为什么那些韩剧的女星在中国来一个火一个，不光中国的男人着迷，中国的女人也心仪的原因，因为她们会打扮，会捯饬，知道什么样的装扮让她们最美，知道女人可以不漂亮但不可以不精致。

很多女孩总抱怨自己不受男人的关注，尤其在公开的场合，有的女孩活到三十几岁，从来也没被男人在公开场合搭讪过，大多数女孩会把这个结果归结为自己不漂亮，不性感，实际上我一点也不这样看。你也许是不漂亮不性感，可这绝不是你可以被忽视的理由，再不漂亮不性感的女人也是女人，她的女性特质也是足够构成她的吸引力的，只是，你需要后天的一些努力和智慧，让你的女性特质更典型，更明显，甚至更夺目。

如果仅从材质上说，在这个世界上没有一个女人是天然的吸睛尤物，想要别人不对你熟视无睹，不漠视你的存在，你必须时刻保持精致的状态，妆容要精致，着装要精致，举止要精致，话语要精致，这样你才可以让别人有过目难忘的感觉，尤其是对于男人来说，他们的视觉系统比他们的心智更发达，如果你能成功地走进他的眼睛，你就拥有了走进他的心的机会。

别老说你的心灵有多美，因为如果你的外形一点都不美，你就失去了让别人去了解你的心有多美的兴趣了。现在的生活节奏太快，大家已经没有足够的耐心和时间通过解读异性的内心来渐渐爱上一个人，而且，通常的规律是，外形不错的女人内心也差不到哪里去。

女人年过30，沧桑无处可藏，但是有一种选择可以让你的沧桑得到恰到好处的释放，那就是做一个外形精致、讲究品位与Style的姑娘，这也许更适合那些想要找一个妻子的男人的品位，因为男人通常喜欢跟小姑娘谈好玩儿的恋爱，跟有自己风格的熟女谈婚论嫁，尤其是有成功潜质或者已经成功的男人，他不会让无知小姑娘把他的生活搞得一塌糊涂，却希望成熟的女人给他一个有品质的家庭。

大龄熟女们，别认为自己不够年轻就不够有竞争力，每一朵花开都有理由，每一朵花开都有自己的春天，如果，你真的输过，那我不认为你是输在了自己的年龄上，你一定输在了自己的选择上。你没有选择让自己每一天都精致地出现在别人的视野里，别人自然也选择忽略你的存在。

当你要去参加聚会，参加party，尤其是那种交友party的时候，出门前你一定要认真照一下镜子，评价你的吸引力指数只有一个指标，那就是你是不是足够闪亮。

在这样的场合，仅仅是美丽是不够的，仅仅是性感是不够的，仅仅是可爱是不够的，仅仅是性格优势更是不够的。你必须很闪亮，才可能有机会脱颖而出，不然，谁会注意到你的存在，谁会看到你与众不同的风格，谁会想要探寻你不闪亮背后那神秘的内心？

那如何做到闪亮呢？很简单，用心但不随意，请不要不化妆就出门，请提前了解你要去的场合的温度和着装要求，穿最适合你的衣服而不是最漂亮的，色彩的选择避开黑的、灰的、白的，艳丽饱满的色彩会给你带来强大的气场，你没看英国女王出场永远是最饱满的阳光色，吸睛指数总是爆表？"闪亮法则"就是女王的秘诀。

女人的魅力应该随着年龄的增长而不断加强，在任何场合都无人问津的女孩们总爱把自己受冷落的原因归结于偏大的年龄，殊不知，18 岁的青涩通常不会打赢 28 岁的蜜桃般的成熟，关键在于你怎样把你的成熟用一种更甜美的视觉感呈现出来，这首先来自于你的自信，其次来自于你的善变。

30 岁是女人一生中最丰盈最饱满的阶段，多少女人在青春里默默积蓄、用心修炼，待到而立之年，生活的阅历让她们的容颜有了自己独特的气质，变得耀眼夺目、精致迷人，娱乐圈的范冰冰、汤唯、李英爱都是此中典范。

你也许不需要像她们那样引人注目，但你可以像她们一样让自己随岁月而愈加精致。你的王子是坐着旋转木马来到这个世界的，他是否会在你的身边停下来，带你一起去寻找幸福，只需要一个理由，那就是你需要足够的闪亮，这样他才能在众生之中一眼找寻到你。

这个春天，桃花烂漫。

Part 5

30 岁前爱不同的人，
30 岁后爱能爱的人

聪明去爱

　　我搬到如今的家已经十几年了，在我家的三楼上有一个大露台，当初搬家的时候因为很急，就简单地装修了一下，用玻璃封成了阳光房，地上铺了瓷砖，摆了几把藤椅，因为很简陋，我们也只能在春天或者秋天天气比较好的情况下在这里晒晒太阳或者种种花，基本上这个大露台一直是处于闲置的状态。

　　后来我在大露台上摆了一架秋千，闲暇时会在这里和先生聊聊天，每年春天或秋天露台可以待得住人的时候，我们会在这里展开热烈的讨论，先生说着对露台改造的 N 多计划，我也憧憬着很多可以在露台实施的改变。我们想把露台改造成茶室、运动房、酒吧、影视厅等可以娱乐的地方。在聊这些的时候，我们都很开心、很兴奋，好像已经看到了梦想的实现，这让我们感觉很默契、很亲密。

　　可是夏天一来露台上很热，我们又不肯把露台的顶棚封闭，因此，露台还是暂时待不了人，我们的计划也就此搁浅，然而到了秋天，天一凉爽，我们又会重新计划起来。

有一天我突然有这样的感觉，这个大露台就这样挺好，它虽然很空，也很简陋，但它已然成了我们梦想的舞台。正因为它的空，才给了我们梦想的空间，可以让我们停下忙碌的脚步，谈谈未来那些美好的事情，无形中又成了我和先生之间交流情感的空间，这个空间是那样大，我们在一起彼此感觉很舒服，既不拥挤也不窘迫，让我们可以从容淡定地谈谈梦想，谈谈彼此对未来的设计，这让我们感觉很踏实，也很信赖对方。

由大露台的感觉我想到了爱的一些方式，伴侣之间彼此给对方多大的空间，几乎决定了他们关系的持久度和稳定度。

人的一生都在感受爱，寻找爱，小的时候享受父母的爱，长大了寻找属于自己的伴侣之爱、情人之爱。虽说爱是一种本能，可是事实证明，仅仅靠本能驱使的爱并不能够让人感觉美好，很多时候，爱更是一种技能，一种智慧，甚至是一种艺术。

爱有很多方法，爱是需要学习的，没有人天生就能爱得聪明，许多聪明的爱都来自对生活的体验和经历。

颖儿是个 26 岁的女孩，有一个谈了两年的男朋友，可是最近男朋友提出要跟她分手，她非常痛苦，来找我聊天。她说她非常爱她的男友，因为这是她的初恋，她的第一次也是给了他，可是，她发现相处了一段时间后，男朋友对她的热度一直在下降，尽管她已经很努力地在对他好。

我问她："你是怎么对他好的呀？"

颖儿说，为了男友她放弃了很多机会，本来她已经通过了雅思考试要出国留学，可是男朋友不希望跟她异地恋，所以，她就不再提出国的事了。因为男朋友下班晚，她每天都很早就翘班回家，给他做饭，业绩也一再下滑。

男朋友是做文案的，有时候工作要拿回来做，颖儿说她晚上从来不看电视，就是怕打扰他工作，而且，他晚睡她一定会跟着晚睡，有时候，男友在单位加班，她就跑到他单位楼下的咖啡店等他，等他出来后再一起坐地铁回家。

颖儿说，刚开始她这样做，男友还会很感动，可后来慢慢地他就说很烦，觉得颖儿太黏人，有点让他吃不消。男友的朋友很多，可每一个朋友打电话来，颖儿都要好奇地问，谁呀，男的女的呀？为这事儿男友跟她吵了好几次。

颖儿的男友有些内向，不太爱说话，颖儿一直试图改造他，每天一见到他就不停地跟他说话，他不想说就逼他开口，这让颖儿的男友很苦恼，因为他的确喜欢安静地思考，不善表达。后来我让颖儿带她的男朋友来跟我交流了一下，我发现这个小伙子的确是那种有点内秀的男孩，谈起颖儿他也一肚子怨言。

他说，颖儿绝对是一个好女孩，而且很爱他，这一点他很清楚，可是他觉得这个女孩不适合他，因为她的侵略感太强，总想掌握男人的一切。男孩说，他更希望跟女孩子之间是这样一种关系：彼此尊重，彼此给彼此空间，彼此相互接纳，而不是只想改变对方。男孩坦承，颖儿的爱有点沉重，让他感觉压力山大了，因此，他想要结束，尽管还有点不舍得。

当时颖儿也在场，听男朋友这么说，她哭得稀里哗啦的，一再地追问，"为什么要离开我，难道我还不够爱你吗"，"难道我付出得还不够多吗"，"你要我怎样做你才满意，你可以跟我说呀"。颖儿的表现让她的男友很难堪，小伙子有些不善言谈，两个人一时僵在那里。

后来我让小伙子先走，把颖儿留下来继续跟她交流。我问颖儿"什么是爱"，颖儿哽咽地说"就是对他好"。"那什么是对他好？""那就是我认为好的事儿就去为他做呗。"

我告诉颖儿，她的问题就出在这里，有的时候男人跟女人因为视角的关系，看问题的角度和理解方式都完全不同，女人认为是对男人好的事儿不见得男人也这样认为，有时候女人对男人的爱的表达是用自己喜欢的方式，而男人可能更喜欢女人用他愿意接受的方式来表达。

比如颖儿因为爱男朋友就想每时每刻都和他黏在一起，可对于大多数男人来说，他更喜欢和你保持一个让彼此都感觉很舒服的距离，因为他们天生就没那么多情；比如颖儿认为爱一个人就是为他牺牲很多自由，放弃很多自己的想法，她是这样做的也希望男人也这样做，可通常男人不会这样做，不是他不爱你，而是他根本就不觉得需要这样做。

女人因为为男人付出了很多，自然就会有很高的期待，而当她发现期待落空时，就会很失落。她有时会对男人提很高的要求，就是因为她的心理极度的不平衡。有时候女人很希望男人改变，也是因为她愿意为他改变很多，需要男人来给她一些补偿。可是我说过，女人这一生做得最无效的事情就是改变男人，因为，他们不是那么容易就会被改变的。

后来，我对颖儿说，真爱一个人就是允许他以原来的样子生长，真的想对一个人好，就是以他喜欢的方式来对他好，而不是勉强他接受你认为好的东西。太有侵略感的女人让男人害怕，因为他们是那么怕失去自己地盘的动物。

听我这么说，颖儿停止了哭泣："那我要怎么做才能够让他觉得我值得他留下来？"看得出，颖儿对这个男孩一往情深。我告诉颖儿，想要留住男人，就放弃你需要和他好成一个人的想法吧，你们永远是两个人，需要给对方足够自由的空间，空间越大距离越远，你们就越相互吸引，相互留恋，有想牵手的欲望。

另外，请尊重他的秘密，他不想跟你说的事儿你不需要知道，你也应该有自己的秘密，你们彼此之间保留一些神秘感，只对你们的感情有好处，这会让你们之间的关系增加一些不确定性，让你们彼此更加珍惜和谨慎。如果一个女孩让男人觉得她太踏实了，男人也就失去了追逐的兴趣。

我建议颖儿，男友的有些个性她可能不太喜欢，但是，如果想跟他相处就要接纳他不完美的地方，这个世界上本来就没有完美的人。不过，当相处久了，两个人的感情到了一定的程度之时，如果说这个不完美的个性影响了两个人的生活，我相信他会主动去修正，这种主动的改变和被动的改造完全是不同的选择。

我问颖儿，她在生活中是否经常对男友表示欣赏与肯定。颖儿不好意思地摇了摇头。我说，两个原本陌生的人选择在一起生活，这本身就是一种尝试，尤其是对男人来说，这是他尝试让自己承担责任的选择，女人不断的鼓励和欣赏，会让男人越来越有勇气承担责任，相信自己可以做得来。欣赏与接纳是一段情侣关系中最重要的成分，也是爱的本质，这是很容易做到的事情，如果你做不到欣赏一个男人，你会爱上他吗？

　　有时候，男人和女人并非因为不爱而分离，而是因为爱得不恰当，爱得不到位，爱得不得法，或者爱得过了头，让爱成为了一种伤害，最终只能劳燕分飞，彼此抱憾终生。

　　再见到颖儿，她是个幸福的姑娘，已经在跟男朋友看房了。她说她会一直坚持"爱的五种语言"，因为她已经看到了幸福在向她走来。

　　很高兴这个姑娘终于学会了聪明地去爱。

　　那么，让我们一起分享这"爱的五种语言"吧：再亲密的爱也要有空间和距离，空间越大你们就会爱得越持久。爱要秘密，爱要尊重，爱要接纳，爱要欣赏。

30 岁前爱不同的人，
30 岁后爱能爱的人

我有一个闺密，她现在 35 岁，是有两个孩子的全职妈妈。我一直说她是我的社会素材源泉，因为她的恋爱史极为丰富，而且她很喜欢分享。她在 31 岁时结婚，但在这之前她是一个有争议的女孩。

她总是跟我说，她很享受如今的平淡如水的生活，每天照顾孩子，看看书，烤烤饼干，感觉自己很快乐。她说，因为 30 岁之前她就已经把想干的事儿、想爱的人都尝试过了，如今的她已经没有太多的遗憾了。

其实她不太漂亮，只是身材不错，个性活泼。我知道她跟各种样子的男人都交往过，在英国读书的时候爱上了自己的网球教练，两个人曾经在房间里缠绵了一个星期没有出门。后来她到非洲去旅行，在那里爱上了一个非洲的小伙子，她帮助那个非洲小伙走出了丛林，来到了伦敦，结果她却因为回国而中断了两个人的感情。

有一段时间她到美院去找设计师，在那里与一位油画老师一见钟情，两个人谈了一年多，最后发现彼此做朋友可能更合适。再后来她到音乐学院去学大提琴，跟另一位大提琴爱好者相爱了，两个人牵手走过很多地方，最后，她觉得那个男人个性太不实际，更适合做情人而不是丈夫。

再后来她还爱过作家、美术编辑、摄影师，跟着他们她几乎走遍世界，这些多彩的经历历时九年，在这九年里她过得很快乐，实现了自己跟不同的人谈恋爱、到不同的地方看风景、体验不同的工作的梦想。30岁那年，她来到不丹，主要是为了写生，因为不丹很美；也想一个人静静，因为不丹很安静。

在那里她遇上了一个也想静静的男人，这个男人是马来西亚华裔，投资公司的高管。在遇上我的闺密之前他放弃了高薪的工作，只想找到一个灵魂的出口，而我的闺密则用她跟那么多男人交往的经验告诉自己，就是他了，一个安静的美男子，这便是她想要的真命天子。

后来她开始很认真地跟这个男人交往，并且成功劝说他复工，来到中国一家世界五百强公司就职。31岁那年，她把自己嫁了出去，嫁得踏踏实实，几乎没有遗憾，让所有的人都产生了她终于走上正轨的感觉。

可是她说："我却觉得我一直都在正轨上，我就是有点好奇，这个男人和那个男人到底有什么不同，我应该怎样去判断哪个男人更适合我，可以做我孩子的父亲。我没有别的办法，只有去尝试，去体验，没有这样的经历，我怎么可能在遇上我现在的老公的时候，第一时间就觉得他是我要找的那个男人？"

闺密诉说起这些年的经历给她的感悟："如果说30岁以前我爱的都是我想爱的男人，那么在30岁遇到他的时候，我发现我还是喜欢安静的男人，他有着震慑我的力量，可以让我也安静下来，愿意平静地去面对平淡的生活。跟他在一起我才发现，30岁以后我明白了我可以爱什么样的人，我能够爱什么样的男人，这让我心甘情愿地放弃自由，去跟他有一个契约，去为他守候一个家。"

我一直觉得闺密的感悟特别有典型意义，对于现在的女孩子来说，她们可能什么也不缺，缺的就是那份去爱想爱的人的勇气和智慧。很多女孩会在结婚典礼前夕给我打电话，诉说她们内心的恐慌，因为她们不确定这个男人是不是就是她们想要的。

我知道她们内心恐慌一方面是因为马上要为人妻有些情绪紧张，一方面很多女孩在恋爱上的确没有更多的尝试。通常的规律是：男孩追她，她觉得还行，别人也觉得还行，尤其是她的父母觉得还行，事儿就这么定了，再一起吃吃饭看看电影，出去玩玩儿，谈一段时间，到了该成家的岁数，房子车子票子这些现实因素也不成问题，于是，一段感情尘埃落定，两人携手共结连理。

可是，可能一直到嫁人，很多女孩都没能想清楚她到底喜欢这个男人什么，这也是很多女孩在嫁了以后就后悔的根本原因。我曾经在我的搜狐自媒体写过一篇文章《80后离婚率高外遇是主要杀手》，分析现在的年轻人离婚的首要原因就是各自对婚姻的不负责任，不独男人，女人发生外遇的几率也不断攀升，这也是我从大量离婚案例中得出的结论。

为什么一些女孩在成为人妻后还会发生情感转移的问题？很大程度上是因为她们经历得太少，见识得太少，年轻时她们不懂爱情，男人一束鲜花、几句蜜语就能俘获她们的心，可到了 30 岁左右，渐渐成熟的女孩会对男人对爱情、婚姻有更高的要求。

对这时的女孩来说，疯狂已经不再重要，鲜花也不是必需的，但他必须成熟，必须可以给她精神上的指引，跟他在一起必须要有安全感，两人必须有完美的默契，他必须给她灵魂上的满足，有时候，这些比任何外在的条件都重要，因此，也许只有这个年龄的女人才真正明白什么样的男人才是最适合她的伴侣。

可遗憾的是，往往这个年纪的女孩早已嫁人生子，因此，这个年纪的女性是婚姻里最大的风险。30 岁以后才明白的她们，普遍会遭遇外遇的问题。

相反，恰恰是那种历经了千山万水，谈了无数段恋爱，经历了不少无疾而终的情侣关系的女性，对婚姻更加坚守，不会轻易地为一点围城外的风吹草动而伤筋动骨，翻天覆地。

所以，我建议女孩子要尽可能早地谈恋爱，尽可能晚地走进围城。恋爱找个男朋友这事儿要着急，因为你开始得越早你的机会就越多，一段不行再谈几段都来得及，你不多经历几个男人，怎么能够更多地了解他们？

但是至于结婚则尽可能地晚吧，因为越晚你就越成熟，越知道自己需要什么样的伴侣，越会对自己的婚姻满意，后悔的几率就越低，但前提是你自己可以承担晚婚的责任，而不是别的什么原因。

很多女孩都问过我，怎样才能知道自己适合什么样的男人。我总是告诉她们，多去经历几个男人就会对自己有更准确的了解，在了解男人这件事儿上，纸上谈兵永远不如马上行动。

　　30岁以前爱你想爱的人，30岁以后爱你能爱的人，这样你不仅会成为一个满足的妻子，用心经营一份平淡却甜蜜的生活，还会成为一个恬静的妈妈，懂得不急不躁地养育孩子，纵然岁月流逝，也能静享内心的安宁。

勇敢地接纳，幸福地承受

有一次，我参加一个大龄单女的沙龙活动，妹子们平均年龄都在 30 岁左右，大多数人是职场精英，有一些是海归优质女，总的来说颜值不低，薪水不少，属于经济独立、生活独立的那种大都市女性。

那天我参加沙龙讨论的话题很现实，那就是年龄大职位高挣得多的女孩，可以不可以与比自己年龄小职位低挣得少的男孩交往，或者结婚？

其中一个妹子昭昭讲了她的经历。33 岁的昭昭是一个海归硕士，从事金融工作，资深主管，年薪不菲。她留一头干练的短发，气场十足，可就是男人缘不强，婚恋问题一直是困扰她的心头之痛。

三年前，她的部门来了一个刚刚毕业的大学生——23 岁的林峰，小伙子长得一表人才，业务能力也很强，很快就成为了昭昭的得力助手，几次在酒桌上的应酬，林峰机智地替昭昭挡酒、解围，让昭昭对这个小伙子的社交能力刮目相看，以后再有什么大的场面，她都爱带这个下属出场。

再往后她发现有些不对，林峰看她的眼神总是很深情。昭昭有些懵，对她来说，最近的恋爱已经是五年以前的事了。她其实也对林峰很有好感，可她一直在心里问自己：这可以吗？这合适吗？她和林峰，无论是年龄、职位还是收入都相差太远，看上去是根本不可能的事情。

正在昭昭感到不安的时候，林峰却向她表白了，当时她以两个人年龄相差太多不合适为由婉言拒绝了他。但是林峰并没有放弃，他在接下来的三年里一直坚持向昭昭示好，并明确表示非她不娶。后来昭昭又以公司不允许上下级发展密切的私人关系为由婉拒林峰，没想到林峰竟然放弃了刚刚晋升的职位，另找了一家公司从头干起。

林峰的举动让昭昭很感动，她开始觉得自己其实也是很喜欢这个有朝气的小下属的。他们开始约会，但是昭昭始终没有放下自己的矜持，刻意地与林峰保持距离，尽管心里清楚自己是喜欢他的。昭昭说她很迷惑，她33岁，林峰26岁，她至今也拿不定主意，是该接受林峰还是远远离开？

昭昭说出她的经历后，不少大龄优质女也开始吐槽，其实她们也有类似的感情经历，那就是喜欢上她们的那个男孩不仅比她们年龄小，各方面条件也比她们差，通常在这种情况下，她们一般会选择放弃，哪怕双方的确有感觉，哪怕她们知道对方是有诚意的。

对于大龄的妹子来说，选择恋爱或者结婚的对象只能往上看，不能往下选，这的确是一个令她们头痛的问题。这往往和社会约定俗成的规则有关，一般人都会认为男女之间婚恋男大女小比较合理，如果女孩比男孩大很多岁通常是大家所不能接受的。

另外，从婚姻的价值上来讲，大家一般都比较认同男强女弱的价值模式，就是说男人要比女人能干，挣得多，这样的搭配才是正常的。如果两个人当中女的比男的强很多，挣得多，别说舆论不堪听，就连很多男人自身也很难接受这种模式。

我在一家婚恋网站做情感嘉宾的时候，就遇到过很多这样的女孩，看她们长得不错，也很能干，就是年龄让人觉得焦虑，可是你问她们的条件，杠杠的没有商量的余地，她们说我年薪已经 20 万了，我总不能考虑那个年薪比我低的男人吧。有的说我一个月都能挣一万多，你一个月挣八千好意思跟我在一起吗？

其实，很多时候正是由于女孩们把这些硬指标看得过重，才不断地错过了那些也许不错的姻缘。可那些职位不错，年薪配得上这些大龄高薪女孩的男人考虑的却是比他们的年龄低 3 到 5 岁的女孩。所以，这又形成了婚恋中的悖论。

我说过，女孩的 28 岁是一个经不起耽误的年龄，如果你同龄的男孩不愿意找你谈恋爱，那你怎么办呢？如果你的眼睛只往上看，只想找个比你强大的，比你挣得多的，年龄又比你大的，那你就只有等，也许有机会，也许有跟你般配的人出现，但概率并不大，因为，男人年龄越大越喜欢小姑娘，而你越等就越没法跟小姑娘竞争。

等过了 30 岁你还是一心只想往上找，那好吧，也许二手男人你也得考虑一下了，因为你的婚姻价值对他们来说还是很有竞争力的，可是一手玫瑰在二手男人的手里常常会更加地失分，这绝对属于妹子们的下下策。

其实，分析了这么多，大龄单身妹子应该明白了，如果你的年龄已经不再属于那种可以云淡风轻、从从容容地考虑婚恋问题的区间，你就应该打破那些条条框框，不管是往上看还是往下找，不管是你能干还是他能干，只要你们在一起有感觉，可以找到爱情，就可以试试看。

你总要试一试，才会知道什么样的关系你可以驾驭，在给自己找一个爱的人这件事情上，你完全可以突破一下，别人可以萝莉配大叔，你为什么不可以御姐配小鲜肉？只要你拿得起那个御姐范儿，只要你的小鲜肉对你是真爱，有什么不可以？

爱情的发生有时候真的是很不讲道理，它可以不分人种、肤色、国度，当然也可以不分年龄、职位和收入。如果你一直很在乎这些，那你就得做好"痴痴地等"的准备，即便如此还有怎么也等不来的可能。大都市里大龄的妹子越来越多的主要原因，那就是大家都在等，等那个可以跟她各方面都很匹配的男人出现，或者那个比她更强大的男人出现。

其实，中国的男人也普遍不太喜欢比他们强的女人，但真正内心强大的男人不惧这些外在的差异，而内心强大的女孩们，如果你有足够的自信，何妨尝试一下男弱女强的选择，就像昭昭和林峰，也许昭昭看上去的确比林峰强大了很多，但是只要男孩心中有真爱，自然会无条件地接纳她的一切，包括她的强大。

如果此时你的身边有这样的男孩爱上你，不要被世俗的观念所束缚，勇敢地接纳，幸福地承受吧，有时候，小男孩的爱情纯纯的，足以秒杀那些大叔沧桑的眼神。从人性角度讲，女人的母性也让她们更适合跟小几岁的男孩谈恋爱，因为男孩普遍成熟得比较晚。

　　前不久，影星兼歌手伊能静与小她十岁的演员秦昊在泰国大婚，似乎正好佐证了我的观点，46 岁的伊能静如果只能往上看不能往下选的话，那可能 56 岁的大叔都不会娶她，因为如果事业有成身家不菲，年纪再大的大叔也只会盯着小姑娘，因为他们可能更愿意为青春买单。

　　可是伊能静很勇敢也很聪明，她接受了秦昊，一个名气与身价都远不及自己的无名男孩，只因为他的真诚，只因为她还想最后再相信一次爱情。你可能不及伊能静漂亮，但你也可以和她一样勇敢，为自己的幸福而挑战。

　　那天沙龙结束，我告诉昭昭，如果她真的觉得林峰是一个不错的伴侣，她就应该回到家里给他打一个电话，告诉他："我准备好了，你过来找我吧。"

　　这是一部法国电影《一吻巴黎》里的台词，说完这句台词后，几经磨难的女主人公娜塔莎终于找到了能让她幸福的男人。

别做感情的勒索者

伊丹是一个 29 岁的漂亮女孩，硕士毕业，她从 23 岁开始恋爱，前后共经历了五任男友，都始终没有修成正果走入婚姻，目前正面临着和交往两年多的第五任男友分手的窘况。她来找我咨询，想搞清楚自己为什么总是经营不好一段情侣关系，为什么身边总是留不住男人。

在经过一段时间的交流后，我发现这个看似很完美的女孩，身上有两大致命的问题阻碍着她正确处理与男人的亲密关系。一个是她很坚持自我，不想为任何人改变，她觉得一定要坚持做自己才开心。

我知道现在有一句很时髦的话"坚持做自己"，这句话鼓励了很多女孩坚定地要做她自己。如果你是一个很完美的自己、没有任何问题，尤其是在跟别人或者伴侣相处时没有任何问题，你完全可以坚持做自己。可如果你不仅自私、懒惰、自我过度，还情绪容易失控，跟人的相处很糟糕，跟伴侣基本无法平和地相处，你还要坚持做自己，我不知道你的这种坚持有什么意义。

如果你还想要一个伴侣，还想要一个婚姻和家庭，你的这种个性习惯是完全不能够适应婚姻的需求的，你若继续坚持，结局只能是一拍两散。在与伊丹的沟通中，每当我指出她的坚持已经成了和谐的情侣关系的障碍时，她总是不以为然地说："我不这样认为，我就是要坚持做我自己。"

此外，伊丹的另一个问题是，永远在向外看。她跟男朋友的相处之道永远都是：你要爱我，你要关注我，你要照顾我，你要倾听我，在我需要你的时候你马上要出现，否则就是不爱我，在我烦了的时候你要马上消失不要让我烦，你要做饭给我吃，要为我做家务，要挣钱给我花，我要发脾气的时候你只能忍着，但是绝对不允许你发脾气，我要做我自己，但是你要改变，你的一切都要为适应我而改变。

在了解了伊丹的这种个性习惯后，我跟她的男朋友也有过交流。两年的恋爱让这个男孩苦不堪言，他说："我的工作很忙，回到家里也很累，可是我永远不可能从她嘴里听到一句关心和问候，我有时候情绪也不好，很希望她能关注我一下，可是她永远在抱怨我不够关心她，为此，她经常对我发脾气，让我感觉跟这样的女孩相处真的太累了。"

在跟他们两个人都交流过以后，我发现女孩还是不想放手的，但男孩已经无力为继。他坦言跟伊丹这样的女孩在一起太虐心，他觉得她太自私，从来不想付出，只是一心想要得到，并且做任何事儿都不会考虑别人的感受，这样的女孩他惹不起只好躲得起。

实际上我在为很多大龄女孩做两性关系辅导时，遇到不少这种个性的女孩，我把她们称作"要女孩"，也就是她们永远是在对外要，要感情，要宠爱，要呵护，要陪伴，要物质。可是在这个要的过程中，她们自己却没有任何付出，哪怕只是感情上的付出都很少，并且心安理得地享受对方的付出。

我为什么说她们这种习惯叫向外看？是因为她们很少做内观，也就是向内看看自己都为别人做了什么，因为不习惯向内看，所以，她们永远不会明白自己应该为别人去做些什么，为别人去付出些什么。

其实"要女孩"很累，她们在感情上处在勒索者的位置，不停地向别人要这要那，要爱要关注，要所有的一切，如果别人稍有怠慢，她们就会很失落，并且为此惶惶不安。究其根本原因，还是因为她们非常缺少自信，总是以别人为她付出的多少来判断自己在别人心目中的价值，这造成了她们对自己缺少客观而稳定的评价，也造成了她们其实是活在别人的目光里的事实，这样的活法儿能不累吗？

跟这样的女孩接触多了，我发现尽管她们的个性形成有各种各样的原因，童年的遭遇、父母不恰当的养育、后天的挫折等等，但让她们成为感情的勒索者的最主要的原因却是她们先天不足的爱无能。

有太多的个案证明，总是在向别人要爱要关注的女孩基本属于从来不会爱别人的角色，她们凡事考虑自己的感受，恋爱时想的永远是对方是否足够爱自己。

其实，她们并不是故意要这样做，这只是她们的一种思维习惯，她们习惯了只考虑自己，只为自己的感受负责。而这样的行为习惯也给她们造成了很大的困扰，那就是她们很难把一段情侣关系维持得长久和美好，因为她们的爱无能，她们通常不会很好地对待她们的伴侣，让对方很快就打了退堂鼓。

　　爱无能是怎么来的呢？一个是父母的个性习惯影响，如果父母中有一方属于这种感情的勒索者的角色，父母之间的这种情感模式就会被孩子搬到他未来的生活中去，因为孩子小的时候并不能分清这种模式的对与错，等他长大可以判断了，这种情感模式习惯已经形成很难改变了。

　　再一个是父母对孩子的养育方式，如果孩子从小得到的全是别人无条件的关注和爱，他从来不需要有任何付出就可以得到全部，不管是物质还是情感，成年以后他的心理模式就会变成完全只考虑自我需求的模式，也就是只有要而没有付出的模式，这其实就是一种爱无能。

　　这种爱无能的"要女孩"在现在的独生子女中特别的多，因为她们大多经历了这样的成长，从小无论是情感还是物质，父母都是完全供给的模式，成年以后，在跟男人相处的时候，她们就会把这种模式带到她们的生活中去。可是，她们完全忽视了这样的一个事实，这个男人不是她们的父母，他们来到她们的生活中并不是只为了供给们她满足她们的需求，他们是伴侣，需要的是相互满足的模式，而不是单方的给予。

　　在一段情侣关系中，当一直是单方给予的模式运行的时候，双方就会感觉很累，男人会因为总是得不到爱的回馈而心灰意冷，他的情感会反复，忽冷忽热，而对于"要女孩"来说这是无法忍受的，她需要的是持久的不会动摇的爱和关注。

　　但即使这样的状况，要女孩也不会觉得自己需要改变，她认为是男人变了，她为此更加地紧张，更加地开启勒索模式，这当然无法持久地保留一段情侣关系，即便是婚姻也很难维系到最后，因为一段感情只靠一个人的能量来发光发热，总有一天能量会耗尽。

对于很多大龄女孩来说，如果你的几段恋爱都无法开花结果，我觉得你最需要的不是马上再开始，而是静下心来好好想一想自己与男人的相处方式，想一想自己是不是一个"要女孩"。如果你只会向外看，总是外归因，我认为你的下一段恋爱可能还是无法修成正果。

找一个爱你的男人很重要，可是你也要学会付出自己的爱，学会好好地爱别人，关注别人的需求，接纳别人的存在。这样的爱才是公平的，才会给你带来能够持久的伴侣关系。

别让自己处于感情的勒索者的位置，想要的越多失去得就越快。

想要长久，就让关系保持新奇感

经常有女孩来问我：我很爱他，喜欢和他在一起的感觉，可是我们要怎样相处，才能够让关系持久地发展下去？也有一些妹子给我写信，说他们谈了三年了，男友迟迟不肯求婚，让她怀疑还有没有必要坚持下去。

我相信这些女孩的感觉都是真实的，她们在一段没有承诺的不确定的关系里感到不安、焦虑，甚至心烦，这都是因为她们是女人。由于先天的生理原因以及后天的社会属性，女人天生就是喜欢稳定、喜欢确定归属的动物，因此，每当她们开始一段情侣关系的时候，她们的所有投入实际上都是为了一个目的服务，那就是她需要确定这个关系是可以持久的，这个男人是始终都可以忠于她的。

为了达到这个目的，她会尽一切可能把外部世界的所有干扰都排除掉，她为男人做很多让他感到满意舒适的事情，她把家收拾得干净明亮，希望男人恋上她的家，她把自己打扮得漂亮迷人，希望男人的眼睛里只有她一个，她讨厌男人的社交，不喜欢男人的朋友，因为这些会让男人分心。

　　她甚至连男人的家人也不喜欢，希望男人时时刻刻跟她在一起，哪怕什么都不做，所以，生活中不乏这样的现象：一个男人交了女朋友或者结了婚，基本上在朋友聚会中就没了他的身影，不是他不想，只是他已经身不由己。

　　可是女人的这种经营效果好吗？她把这段和男人的关系维护得滴水不漏，就可以长久地霸占这个男人了吗？这种相处方式会有好的结果吗？

　　阿洛的新郎在结婚的前夜失踪了，她半夜给我打来电话哭诉，20桌的客人已经请好，外地的亲朋也提前来到北京住进了酒店，就等着明天参加她的婚礼，可新郎却联系不上了，手机关机，单位请假，阿洛不知道他去了哪里。

　　在婚礼取消一周后，那位准新郎回到北京，他给阿洛的解释是，他去外地会女网友了，阿洛当场表示可以原谅他，可男人仍然表示他觉得自己还没有准备好进入一段婚姻，他向阿洛提出了分手，说与阿洛做夫妻他没有信心。

　　听男人这么说，阿洛当场就哭晕在厕所里。事后她找我做情绪疏导，仍然是气愤难平。她说，"我们相处五年了，他的一切都是我在帮他做，大到换工作小到洗袜子，自从跟他在一起，我连和闺密逛街都很少去了，周末总是想要陪他，晚上下班同事聚餐我从来都不参加，就是怕他寂寞，怕他说我不在乎他。连他妈都说，这个世界上除了他妈就是我最疼他了，你说他为什么居然这么没良心，到了这种时候甩了我，他要觉得不行他早说呀……"

　　看着阿洛哭得鼻子一把泪一把的，我也挺同情她的，毕竟一个姑娘五年的青春就这么打水漂了，是有点可惜。我问阿洛："这五年你们都是这么过来的吗？你没有朋友，他也没有朋友，就你们两个人天天在一起腻歪，这样的日子你觉得过着有劲吗？"

　　阿洛说："不就是过日子吗？我觉得还行，他也没说不行呀？我觉得有我陪着他不就够了吗，朋友有什么重要的呀，不就是在一起吃吃喝喝吗？他那些朋友我一个都不喜欢，所以，他看我不喜欢也就跟他们联络少了。"

　　在跟阿洛的交流中我发现，她的确是个不错的姑娘，很会照顾别人，可是她也是那种典型的喜欢霸占男人的女孩。虽然她像心疼自己儿子似的心疼她的男朋友，为此付出了很多，可对于男人来说，他的家里已经有一个妈了，他可不想再给自己找一个妈。

　　男人说到底都是一些容易忘恩负义的家伙，你对他太好，包办他的一切，他就会因为担心无法承受你的恩德而选择离开你；如果你是一个圣母型的女孩，那他宁愿选择一个在街头呼啸而过的小混混女孩，因为那样他的压力会小很多，内疚感也会小很多。有时候，男人的背叛不是因为你不好，而是因为你太好。

　　而圣母型的女孩常常会把和男人的关系搞得密不透风，她在这段关系里很用心，她的用心会形成一张密密的网，让男人无法自由地呼吸。从本质上讲，男人比女人更有野性，他们不喜欢被一段关系驯服，想要他愿意待在你的盘丝洞里，跟你天长地久，唯一的办法就是要经常让他出来透透气。

很多圣母型的女孩都喜欢用牺牲自我来换取男人的牺牲，本质上这是一厢情愿的选择，男人从来没有要求你为他放弃什么，也从来不会因为你的放弃而跟着选择放弃，所以，你别怪男人不领情。

在与男人的关系中，女孩子一不要扮圣母，二不要扮小妹，你们之间的关系是平等的，相互支持与尊重就好。想要让你们的关系越来越持久，越来越有浓度，想让你的男人对跟你相守越来越有信心，全身心奉献自己绝非上策，而是应该多动脑子，幸福的关系都是智慧的结晶。

比如你再喜欢一个男人也没必要天天黏着他，忙你自己的事就好，工作、和闺密逛街、喝茶、聊天，实在没事干了可以去做做义工，原则是他不给你打电话你就不需要给他打电话，他给你发微信五条你回一条就可以，这样他就会一直在琢磨、猜测你在干什么，这是一段关系可以进一步发展的催化剂。

比如你们已经在一起好多年了，除了证儿没领也没啥新鲜的了，想要他继续有兴趣跟你走下去，你一定不能让他感觉太踏实了，假期也不一定非要跟他去旅行，你完全可以找几个好朋友就上路，让他单独安排自己的假期，这样你们既可以有不同的见识可以分享，短暂的分离与重逢也会加大你们之间爱情的成分，降低亲情的浓度。

不管你们在一起有多和谐，在结婚之前，你都不要把事情做得太满，就像吃饭一样，这一顿你让他欠着口儿，他对下一顿才会充满了期待。你顿顿都让他吃得特饱，有时候他吃饱了就该开始觉得厨子不咋地了，或者有闲心到处胡溜达了。大多数男人天生就不喜欢过于安生稳妥的日子，因为缺少刺激，他可能更向往让他感觉死去活来的关系。

经常让你们的关系透透气，让彼此之间有微妙的距离感，保持你的个性的独立，也尊重男人的个性独立，保持你的心理独立，也不要去侵略男人的心理独立，这会让你们之间的关系一直保持一种新奇感，你们既保留彼此的自由又相互拥有彼此，这样的关系无论是恋爱还是婚姻，都会是美好而持久的。

还有一种方法会让你们的关系永远拥有更多的空间，那就是保留你们原先的朋友圈，这是你们之间关系的透气孔。每个人都需要朋友，如果你和他之间拥有共同的朋友更好，这会让你们的关系更加稳固。

外面的世界是很精彩，但久混外面也会让人疲惫，如果你学会在感情中营造好奇感，他一定会感觉外面的世界很无奈，不待夕阳西沉，不待你问归期，便翩然归来。

学着享受情侣关系

有一段时间我在国外学习，跟四个外国女孩租住一所公寓，这几个女孩有的是大学毕业有的是研究生毕业，都已经工作，正处在择偶期，因此，周末一般都看不到她们的人影，有的直到周一早晨才急急回来。

不长时间，四个女孩当中有三个已经不经常回来，另一个女孩跟我说她们都找到男朋友了，我问："那你呢？"她冲我做了个鬼脸说"马上"。果然，过几天那个女孩也不怎么回来过夜了。后来，我再见到她们，就问："你们什么时候结婚呀？"几个女孩见我这样问，竟好奇地放声大笑，纷纷跟我说"no，no，我们只不过是在享受一段情侣关系"。

我好奇于"享受一段情侣关系"，有一个女孩就跟我解释："我跟男朋友如果感觉不错，我们就会给各自机会互相了解，我们会有各自的公寓，但也不排除经常在一起生活，既能够相互照顾，也可以彼此增进感情，但是我们彼此之间没有要求，我不会觉得一定要嫁给他，他也不会认为一定要娶我，我们在一起就是享受相爱的感觉，谁也不需要让对方去负责任。"

"这样的关系很放松，让我们能够对对方保持美好的感觉，我们只是在为了爱做一些彼此都觉得很美的付出，这样的感情能够更持久，也更纯净，我们都很享受这样爱情。也许未来我们发现彼此不合适会分手，也许会觉得还不错，如果没有别的选择我们仍会继续，这其实就是我们相互尝试的过程，不试一试怎么会知道谁更适合跟你过一辈子呢？"

我一直以为这些金发碧眼的洋妹子并不在乎天长地久，原来，她们也希望有一个稳定的婚姻，有一个可以白首的爱人相守到老，认为这才是完美的爱情。但在一段感情刚开始的时候，她们更看重的是两个人感情的契合度，和能够从这段感情中享受到的生活，至于是不是可以结婚，最后有没有结果，这些并不那么重要。

刚开始我以为这只是那些年龄比较小的妹子的想法，后来一交流我才发现，几个妹子都已不是很年轻，最大的那个已经 33 岁，可她仍然表示找到爱情最重要，两个人在一起尝试最重要，至于什么时候结婚那是上帝的安排，她根本就不操心。

也许有人会说，国外的环境的确比较宽松，人们的意识也比较开放，所以姑娘们完全可以按着自己的想法去选择生活方式。可我觉得就目前中国的环境来讲，社会的包容度早已大大提高，可女孩们的选择却实在没有那么科学和人性化。

淡淡是一个 30 岁的女孩，从 26 岁跟男朋友分手后，她就再也没谈过超过三星期以上的恋爱，这期间给她介绍男朋友的的确不少，可她总是浅尝辄止，没交往几天就喊停，结果一直到 30 岁的生日都过了，也没有找到一个固定的男朋友。

她其实是着急的，来找我咨询。我问她为什么每次跟男人交往不超过三个星期就 stop，她把大眼睛眨得像闪电一样，无辜地说："他们不打算和我结婚呀，我是以结婚为目的谈恋爱的，如果我发现这个男人没有想要结婚的打算，我立马就对他们没兴趣了，他们又不想娶我，我干吗跟他们浪费时间。"

"可是你怎么知道他们不打算娶你？你指望一个男人在三个星期以内就会决定娶一个从来不认识的姑娘吗？你觉得这事儿靠谱吗？"

"可是他至少要有跟我结婚的打算吧，有的男人我根本就看不到他有这样的想法，所以，我为什么还要给他机会？"

淡淡说得理直气壮，我却觉得她真的很傻，一个男人要娶一个女人可不是一件简单的事情，除非那种浪荡子才会很快地给你各种不靠谱的承诺，对于真正负责任的男人来说，娶你是一辈子的事情，他如果在几分钟之内就决定了，至少他对自己不够负责任。

两个人在一起谈婚姻是需要过程的，这个过程需要两个人共同来经营，来维系，来承担。这个过程也是一个尝试的过程，是你们把一份爱情不断地盘活，给它输送养分，让它不断壮大，最后成长为一份责任感，一份你们期望在一起为彼此经历风雨的责任感，正是这份责任感才让你们有了想要给对方一个承诺的念头，你们希望在一起相守，建立一个幸福的家庭，这其实才是你希望进入一个婚姻的终极目标吧。

可对现在的很多女孩来说，她们只看重结果，这使她们既忽视了过程也丢掉了过程。她们一心直奔结婚去的恋爱动机，吓跑了一大批还没有准备好要结婚的男人，也没有给男人足够的时间了解她们。她们的情怀只为那些有结婚可能的机会敞开，这让她们完全不能够很美好地体验一段情侣关系，未婚时代常常过得很糟糕。

没有爱情没有鲜花没有狂欢的周末，也没有愿意陪伴她们走过寂寞的男人，她们就这样一直苦等，任由自己的空窗期无限拉长。因为生活中没有什么值得期待的变化，她们也很少打扮自己，每天素着一张脸穿梭在城市里，她们的青春还没有盛开就要凋谢了。

这样的女孩很容易去追星，因为她的生活里缺少爱，也不是别人关注的重心，很容易就会无条件去关注那些陌生的人，用遥远的距离来释放自己无处安放的爱意。

好替这样的姑娘遗憾，只要有一个男人愿意以爱的名义跟你在一起，你就应该好好享受你们的关系，去做那些情侣该做的事，烛光晚餐啊，玫瑰花与红酒啊，深夜的倾谈啊，甜蜜的旅行啊，这些爱的游戏可以让你们更加了解彼此，知道对方需要什么，也懂得自己是否可以为对方做些什么。这是多好的交往啊，哪怕你们真的不可能结婚，又何妨享受当下的美好呢？

总是为了结果而努力，会让人错过很多美好的享受，或者忍受很多不美好的东西。

我一直在建议所有的女孩子，把你的目的性先放下，生命中不是只有找个男人结婚这一件事情重要，爱情很重要，活得漂亮很重要，享受一个男人的宠爱也很重要，生命中有一段或几段这样的情侣关系，不也值得回味吗？

学会享受情侣关系，至于你们是否结婚，你要给人家足够多的时间和机会了解你，爱上你。一见钟情大多来的是激情而不是爱情，真正爱上一个人需要更多的相处和交流。作为一个女孩子，你需要足够多的时间把你的美好和物有所值展现给男人，当你以"不能结婚"的理由把他轻易排除在外，损失的是你不是他，因为你没有更多的青春去玩这样的游戏。

对于男人来说，他们最怕目的性太强的女孩刚刚开始约会就开始考虑结婚，拉了一次手就期待男人娶她，这样的女孩会让男人吓得火速远离，谁会为一个不了解的女孩负责任呢？

如果你们彼此相爱，就好好地享受一段情侣关系吧，别对对方有太高的要求，虽说不是所有的情侣最终都能够成为夫妻，可所有的夫妻都一定是从情侣关系来的，能有一段你侬我侬的情侣关系，至少没让你的青春留白。

爱要独立，情要支撑

　　每年的五一和十一是结婚的旺季，这段时间天气好，很适合举办婚礼，较长的假期也让亲朋好友有时间来观礼，另外，中国人的节气观念特别重，很喜欢在节假日办喜事，为的是喜上加喜。

　　所以，每年的这个时间段我都比较忙，不过不是忙着参加婚礼，而是忙着做心理辅导，因为不时有准新娘或者准新郎因为恐婚而闹情绪，尤其是这几年，这样的现象日益增多。

　　有的是两个人闹，男孩跟女孩闹，女孩跟男孩闹，闹着闹着就分手的也有；有的是跟父母闹，不是不满意这就是不满意那，好像父母欠他们的似的，这样的孩子也有让父母给送到我这儿的。

　　艾萌是一个 31 岁的女孩，再有两个月就要做新娘了，新郎比她大两岁，是她的同事。他们谈了一年多就确定了关系，为什么这么快？是因为家里觉得两个人都不小了，如果各方面都合适也就别再拖了。

　　可是艾萌很纠结，男孩是不错，对她也很好，但艾萌在他身上找不到自己想要的爱情的感觉，尽管他们相处得不错，可艾萌觉得他们在一起亲情、友情，甚至交情都有，唯独缺少爱情的感觉，这让艾萌很无奈。

我问艾萌："你认为什么才是爱情？"

艾萌说："就是那种离了你活不了的感情，那种愿意为你付出生命的感情，那种只要你开心我再苦都无所谓的感情，我认为那就是爱情。"

"那你经历过这种爱情吗？"我又问。我觉得艾萌的心里除了准新郎以外还有别的男人。果然，她吞吞吐吐地说："当然有啊，我和前男友就是这样的感情，他在国外读了五年书，我就等了他五年，尽管每年我们只能假期里见一面，可是我们很相爱，感情很好，有点死去活来的感觉。"

我问："那为什么会分了呢？"

艾萌沉默了好久才说："他毕业以后不想回国，想在国外发展，而我父母坚决不让我出国，我也不太喜欢国外的生活，所以，没办法，我们都太坚持自己就分了。"

"那你爱现在的男孩吗？即将成为你丈夫的那个？"

艾萌坚定地摇了摇头："不爱。"

"那为什么还要嫁给他？"

我有点惊讶。

"我让爱伤了心了，我已经无法再爱上任何人，不就是嫁个人嘛，既然他们都认为可以嫁，我的年龄也不小了，所以……"

"所以，你就放弃自己了？"

看着这个学历不低、颜值不差的姑娘这么糊涂，我真心替她担心，虽说爱情不是婚姻里最重要的因素，但至少是婚姻的唯一前提吧，如果不爱一个男人而嫁给他，想过漫长的一生会怎样度过吗？

　　我对艾萌说，她不是爱不上任何人了，而是连自己都爱不上了，一个女人如果连她自己都不爱，她还有什么必要去谈爱？那个已经离开男人不光带走了他的爱，还让女人连爱自己的能力和勇气都没有了，这是多么可怕的事情。

　　一个人不管爱或者不爱谁，都不可以放弃爱自己的权利。想要好好地爱别人，首先要好好地爱自己，你不能把自己的一颗心安抚得好好的，你怎么可能让别人在你的心里待得踏实舒服？就像艾萌，因为失去了爱的能力，就算后来的男友发出再多的爱的信号，她也无法接收得到，因为她一直在拒绝对方的爱的信号。

　　艾萌为什么会失去爱自己的能力呢？是因为在原来的那段爱情里她和男友之间很不平等，她是付出更多、牺牲更大的那一方，她在那段情里很忘我，甚至忘记了自己的需求、自己的存在，因此当那段情随风逝去的时候，她就再也找不回自己了，跟那段感情走掉的还有她的自尊她的独立和爱的能力。

　　听了我的分析，艾萌终于眼泪吧嗒吧嗒地掉了下来，我知道她的内心有所触动，实际上我用的是"休克疗法"，就是让她在瞬间的情绪冲击中发现自己愚蠢的地方，这有助于她尽快走出过去的阴霾。

　　看到艾萌渐渐地在我和她的交流中陷入沉思，我又说：

　　"一个成熟的人是不会想要那种离了哪个人就活不了的爱情的，想要在这个世界上活得好好的，就要遵守谁离了谁都可以活得更好的爱的规则。一个人如果爱得不独立，把自己的幸福维系在别人的爱上，是很危险的一件事，因为，任何人都不能够保证会一辈子爱你。在现如今这个社会，爱是奢侈品也是消费品，它易损易耗易变化，还是先做到好好地爱自己，再去学会爱别人更为稳妥踏实。"

"你为什么觉得跟现在这个要娶你的男孩没感情？因为你不在乎你自己，你对自己已经放弃，他所有对你的好你都觉得无所谓，因为你不接纳你自己，所以，也就不会接纳别人。你对他的感情没有回应，一直把自己封闭在过去的那段感情里自怨自怜，可是，情感是要相互呼应才可以更加浓醇的啊，你们之间的情只是男孩自己在支撑，当然就谈不上甜蜜与幸福，而这根本就不甜蜜的感情当然就无法打动你的心。"

"爱情就像两个人一起呵护的小苗苗，一个人再努力也很难让它生根发芽，更别说长成参天大树了。其实正因为你很不在乎自己的选择，所以才忽视了这个男孩对你的感情，也许他也是个不错的男孩，也许他对你的付出也会让你很幸福，只是你的心留在了遥远的地方，让你对眼前的幸福视而不见。"

"那您说我这婚还结吗？"

最后艾萌临走前问我这个问题，我说："这要问你自己，不过，我的建议是婚期推迟一些，你还是先找回你自己再谈婚姻的事吧，先学会好好地爱自己，当你学会珍惜自己的时候，你就懂得如何做对自己有利的选择了；当你学会了爱自己，你也就可以接收到别人爱的信号了。有了爱的能力，你才会付出真情实感。"

所谓爱情，其实说的两件事儿，爱，和情。爱是基础，是两个会爱自己的人在一起珍视彼此的存在，在把自己爱好了的同时去爱值得爱的人，有了这爱的基础，情感的支撑才会越来越稳固，越来越持久。

　　所以，学会坚强独立地爱很重要，自尊体面地爱也很重要，一个女人越爱自己就越会被人爱，越放弃自己就越会被人放弃，越不珍视自己爱的权利就越会被人忽视，这是爱的法则，明白得越早越好。

　　听说艾萌后来还是结婚了，过得还不错，看来她是真正明白了。

女王嫁给男仆才是佳话

半夜三点，家里的座机响了，下楼接电话，兜兜在电话里哭："他又走了，给我留了个纸条，说再也不回来了，现在就剩我一个人，怎么办？"

兜兜是我女性心理成长学习班的一个学员，27岁，有一个同居三年多的男朋友，这是她两个月里打来的第三个夜半电话，实在让我不胜其扰，可是她哭得很凄惨，我只好耐着性子听她说。

"前两天，他不是刚刚回来吗，怎会又走了呢？"

我知道兜兜的男友有着离家出走的癖好，经常不告而别，出去游荡一段时间再不声不响地回来。我一直劝兜兜结束这段极不靠谱的恋情，可是她不肯，问她什么理由，她也说不出来，只反复嘟囔一句，"我需要他，我不想离开他"。

这已是最近这段时间男友的第三次离家出走了，我问兜兜他们是否吵架了，兜兜说，他们已经很久没有吵架了，甚至话都很少说。我告诉兜兜，如果一个男人连架都懒得跟你吵了，这说明你们之间可能一点激情都不剩了，这样的关系还有什么必要这么辛苦地去维系，有意义吗？

兜兜又来了："我喜欢他，他是我最爱的人，我离不开他，我需要他。"

我对兜兜说："亲，我太知道你喜欢他你爱他了，可是你也得允许人家不喜欢你了，不爱你了呀，有谁规定两个人在一起就必须一直喜欢下去，你没变别人不一定不变啊，出来混就得输得起，你这分明就是输不起啊。"

"可是，他也没说不爱我了，他只说对我的感情比原来淡了，觉得我没原来那么重要了。"

我说："你还有点尊严吗？为什么一定要男人把话说绝你才收手呢？男人这样说只是不想伤你太深，其实他的意思很明白，就是劝你先撤给你留个面子，他不想让你恨他，所有想离开女人的男人都会这样做，因为他不想留下内疚感，就这你还看不出来吗？"

"可是他上一次离家出走以后又回来了呀？"

"他告诉你为什么回来了吗？"

"他说他看我很可怜，实在不忍心让我难过，怕我会出事，所以，我求他回来，他还是回来了。"

兜兜的话让我彻底失语了，爱情很重要，可是乞求回来的不是爱情，可怜不是爱情，担心不是爱情，同情不是爱情。爱情是尊重，是平等，一厢情愿成就不了爱情，一味地委屈自己憋屈自己更成就不了爱情。

兜兜还在电话那头为自己辩解，诉说着男友还需要自己。

一个男人总是这样突然就离开，不断地离开，如果他需要你，又怎舍得离开？就像你需要他，你会愿意离开吗？有些男人不会把事情讲得很明白，其实是想让女人做出选择。当他发现你们不合适时，他不想再这样下去耽误你的时间，有多少女人心里明白却不肯认输，不肯承认失败，不肯面对现实。

"可是，可是，我觉得我们之间还有爱。"兜兜还在喃喃诉说着，语气已没了刚才的肯定。

"那是你对他还有爱，因为你需要他，而他对你已经没有爱了。男人怎么证明他还爱着这个女人？很简单，那就是在她身边不离开；怎么证明他还想和这个女人在一起？那就是让这个女人感觉他需要她，离不开她。这样的爱才成立，这样的爱才公平，你不觉得是这样吗？"

我相信兜兜已经接受了我的看法，她不再说话，只是低低地哽咽。任何情侣关系在走到山穷水尽的时候都会经历这样的时刻，只是难受的是那个最晚放下的人。

再见到兜兜是两个月以后，她说男朋友这次是彻底消失了，移民到新西兰了，她说在这段关系中她一直很主动，因为她始终觉得找一个自己爱的人比较重要。我告诉兜兜，在两性关系中重要的不是谁更爱谁，而是谁更需要谁，如果一个女人在感情上生活上一直更需要别人，甚至精神上也更需要别人，她就会在一段关系中失去主动权。

她会为了维系这个需求而不断地放弃自己的自尊，最后把自己逼到墙角，无路可退。一段健康的情侣关系，一定是相互需求又相互独立的。

女人想要通过需要一个男人来给她更多的安全感，却往往会发现这通常更不安全。

因为一个男人能给女人的常常是越来越少，他对你的感情会越来越淡，你们的关系也会越来越陈旧，可是女人对男人的期望却会越来越高，她和男人相处越久，关系越稳定，要求就会越高，男人在这个时候想要逃离常常是因为他担心自己实现不了女人的期望，但又不希望女人对他失望，所以有时候男人的出逃也是女人逼的，尤其是那种被女人迫切需要的男人。

所以，想要一个更有质量的两性关系，还是建立那种让男人更需要你的模式吧，什么时候也不要让他感觉你离不开他，就算事实是这样你也要假装不需要他。假装你自己过日子也会过得很好，假装没有他你也会有足够的安全感，假装你根本就不期待他对你的好。

当他对你说他对你是真爱的时候，勇敢地告诉他，你从来就不缺真爱，因为你认为真爱就是爱自己。别把满足他的需求当成你的生活，你要先满足自己的需求，再考虑你们的需求，他的需求放在最后捎带着满足一下就可以了。

女人对男人的付出一定要处于"有限供给"的模式，不要全给也不要不给，处于情感半饱状态的男人常常会很忠心，因为他担心失去你，而且，他没有搞懂你之前是不会对别的女人产生兴趣的，这个度你要拿捏好，你就是女王他也愿意做你的仆人。

其实女王常常和仆人感情最好，因为仆人需要女王的存在实现他自我的价值，女王嫁给男仆是佳话，国王和女仆只能是风流韵事。女王离了仆人会过得很好，而仆人离了女王什么都不是，你说他们谁更需要谁？

所以，男人离开你不是因为你需要他，而是他不需要你。不想再经历这样的伤害，就去找一个无论走到哪儿都需要你的男人吧，被人需要总比需要别人更靠谱一些。

30 岁，我在做什么？

看着我身边的优质单女们一天天漠视时光的流逝，任凭自己最好的年华在等待中、在寂寞中如花瓣凋零，我由衷地为她们感到惋惜，也感到特别着急。写这本书出自我特别真诚的愿望，想让她们对自己的未来有一个更好的设计，尽快让自己的人生完整起来，也想与更多的优质单女们分享。

尽管有很多妹子都跟我表示过不太在乎有没有一个婚姻，也不期盼什么爱情与男人的呵护，但我觉得，一个身心都健康的女性还是应该拥有一种健康的生活，更对得起自己的人生。

实际上这真的不是什么难的事儿，只要你自己有这个愿望，想要去实现这个想法，你就一定可以找得到那个适合你的伴侣。

写这本书让我想起了我的 30 岁。夜里睡不着，我一直在想我在 30 岁时都做了些什么，回忆的闸门就此打开，收也收不住。

都说人是 30 岁以后才明白，对我来说还真是这样。30 岁的时候我找到了自己喜欢的职业方向，并且坚定地去追求；30 岁的时候，我找到了适合自己的爱情，勇敢地跟他牵手；30 岁时，我开始意识到做一个好妈妈的重要性，并且为此而努力去学习……30 岁让我懂得了太多太多，也让我意识到一生不长，该做的事情要抓紧去做，该爱的人要抓紧去爱，该放下的烦恼要舍得扔掉。

30 岁是人生的一个节点，可能 30 岁以前你做的好多事都是在为别人而做，因为你还没有意识到自己的方向在哪里，而 30 岁以后，如果你明白得早，你会选择为自己做事，为自己要一份感到舒服的爱情，为自己找一个可以和他随便聊天的爱人，为自己设计一份不那么累心的生活。

我也真的是在 30 岁来临以后才开始学会爱自己的，因为会爱自己了，所以，更在乎自己是不是幸福，是不是开心，是不是舒服，是不是感到活得物有所值，是不是活得漂亮。

我开始在这个时候舍得用贵一点的化妆品，保护我的皮肤，开始舍得买贵一点的衣服，控制自己的体重，为了自己在任何场合出现都很闪亮。我开始在这个时候考虑我的未来在哪里，我应该怎么做，才会让自己的人生更加的丰富鲜明。

30岁让我突然明白，女人首先要学会爱自己，再有个爱你的男人那是锦上添花，如果没有你也不必觉得自己什么都不是，从此无心梳妆，把自己的天生丽质埋没得一点价值也没有。

过去的女人可能一生都在为别人活，为丈夫为孩子为家人，现在的女人一定要为自己活，自己活得像个人样，活出自己喜欢的样子，让别人尊重你、爱慕你。

现在看来，我喜欢自己的30岁，虽然也曾有过各种的纠结和感伤，可我仍然喜欢，因为它很鲜明也很倔强，有失去也有得到。我曾经问过自己，如果人生重新来过，我的30岁会不会还是这样走过，我的答案是肯定的。性格决定命运，如果有机会再走一次30岁，我可能还是会像今天这样选择，要自己想要的工作，要自己喜欢的爱情，要自己安排自己的未来。

30岁虽然不老，却也不特别年轻了，所以，这个年龄的女孩可能需要静下心来思考了：这一生怎么过，跟谁过，过得怎么样。生活就是这样，你从来不去思考它，它就是一团乱麻，千头万绪，让你烦不胜烦。

将是一片让人满意的人生从来离不开思考，到了30岁你还不曾认真思考，你的未来可能将是一片模糊。如果30岁以后，你还在摸着石头过河，可能你的一生都得尝试，形如漂泊。

对于爱情和婚姻来说，30岁真的是一个坎儿，如果你还打算"择一人，过一生"，请认真看看这本书里的建议，每一个建议都源自对个案的思考，你不妨一试。

虽然，感情的选择是很私人的一件事，你的30岁和我的30岁没有什么必然的联系，可谁叫咱们都是女人呢？和大家分享了这么多关于我的30岁，就是想让亲爱的闺密们了解，女人到了30岁上下都需要干些什么，想些什么，拥有些什么。

也许你和我想的不太一样，那也没关系，我觉得女人一生想要的东西大都差不太多，她们想要爱，想要漂亮，想要被宠，想要物质，想要呵护，最重要的她们想要一个可以鞍前马后、对她们无怨无悔的伴侣。你别假装你不想要，只要你是一个正常健康的女人，这个就可以要。

北京的初春乍暖还寒，坐在停了暖气的屋子里写作，一会儿工夫就浑身冰凉。有一天我实在忍不住，站起来打开关了一冬天的窗户，结果温暖的阳光和新鲜的空气一起涌进来。春天的和煦让我感动得想哭，我在想我怎么这么傻，只是站起来改变了一下，世界给我的感觉就不再一样了。

由此，我想到了妹子们的问题，也许你一个人一直在忍耐，一直在承受那些生活的不如意，可是你为什么不学着改变一下自己呢？也许你只需要一个行动，就会改变你的人生际遇，就会找到那个一直在等你出现的爱人。

所以，如果你真的想要，就别只是在那儿想了，大胆一些，勇敢一些，用心去寻找，如果真的没找到，至少多年以后你回忆起自己的 30 岁时将不会后悔。可如果你不迈开寻找的步伐，你怎么知道自己找不到？

30 岁一晃就过，让你的心引领你前进的方向吧。

于秀

2015 年 4 月 3 日于北京亚运村

图书在版编目(CIP)数据

30岁前爱不同的人　30岁后爱能爱的人 / 于秀著. — 桂林：漓江出版社，2016.7
ISBN 978-7-5407-7872-9

Ⅰ.①3… Ⅱ.①于… Ⅲ.①爱情—通俗读物 Ⅳ.①C913.1-49

中国版本图书馆CIP数据核字（2016）第160628号

30岁前爱不同的人　30岁后爱能爱的人

作　　者：于 秀	**策划统筹**：符红霞
责任编辑：王成成　谷 磊	**装帧设计**：黄 菲
责任监印：周 萍	

出 版 人：刘迪才
出版发行：漓江出版社
社　　址：广西桂林市南环路22号
邮　　编：541002
发行电话：010-85893190　　　0773-2583322
传　　真：010-85890870-814　0773-2582200
邮购热线：0773-2583322
电子信箱：ljcbs@163.com　　　http://www.Lijiangbook.com
印　　制：北京大运河印刷有限责任公司
开　　本：710×960　1/32　**印　张**：6.875　**字　数**：110千字
版　　次：2016年7月第1版
印　　次：2016年7月第1次印刷
书　　号：ISBN 978-7-5407-7872-9
定　　价：38.00元